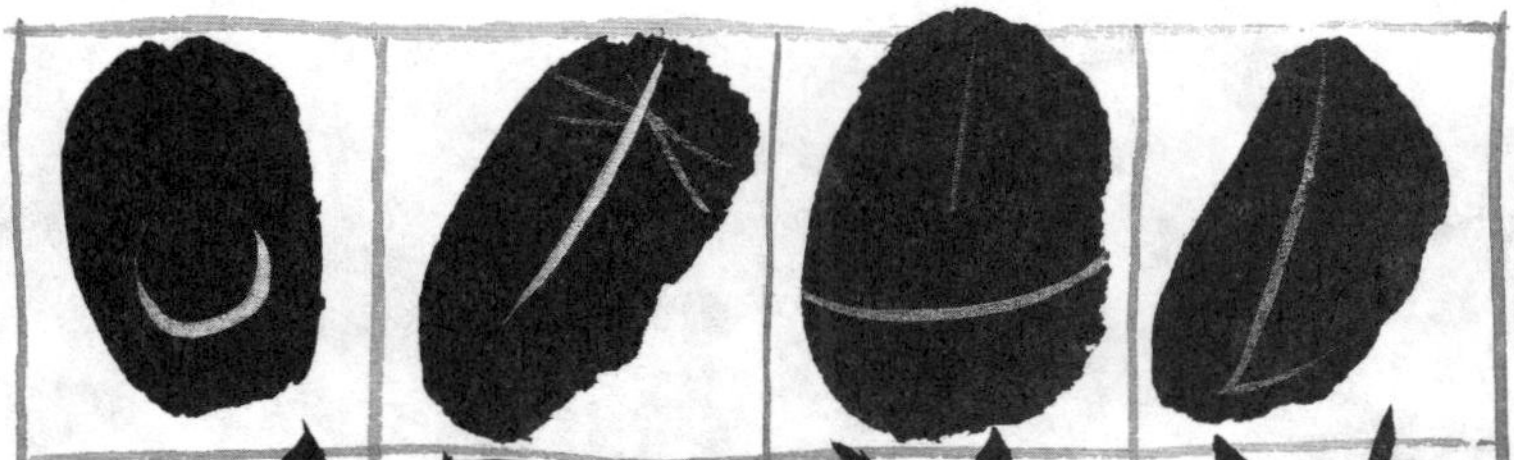

人間慕情

滋賀の100人 (下)

大野新

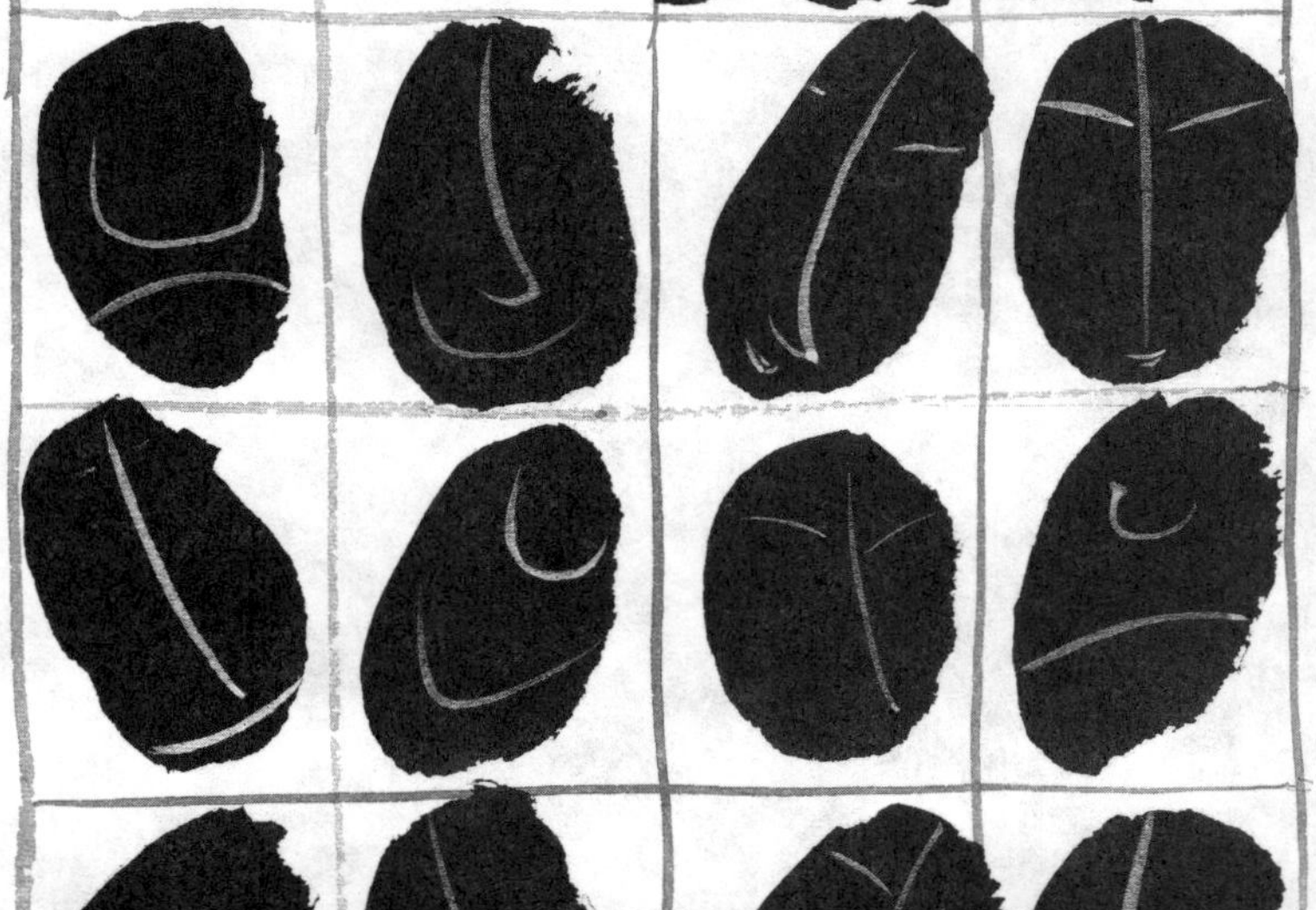

人間慕情　目次

人間慕情

(下)

「酸性雨」で地球を観測

滋賀自然環境研究会
阪口　進さん

■さかぐち・すすむ
1935年（昭10）、大阪市に生まれる。現在大阪市下水道局に勤務。滋賀自然観察指導者連絡会相談役。

阪口進さんへの、あるインタビュアの記事のキャッチフレーズに「ムーミンパパは天を見上げて雨を読む」とある。悠揚とした体軀が「ムーミンパパ」というニックネームを呈上させたものであろうが、家でごろごろしている不精人間かと思えば、さにあらず、梅雨どきのむしむしする近江神宮あたりの林のおくに行っては、冬虫夏草を掘りあてて小躍りする、根っからの自然大好き人間である。冬虫夏草を私ははじめて見せていただいたが、冬、セミやクモの幼虫に菌類が寄生し、夏場に発芽する茸の一種らしい。繊毛のように妖しく光りながら伸びるものを、指先で千切れないように掘りだすのが、えもいわれぬ快感だといわれる。阪口さんの収穫品には、セミタケ（近江神宮）、オサムシタケ（近江神宮）、マルミノアリタケ（宇治朝日山）という収穫地と日付がある。

今回、阪口さんをおたずねしたのは、庭に酸性度のPH（ペーハー）を測定するための、雨の分取器をそなえ、個人で、もう八年もデータをとっておられると聞いてきたからであった。私にはもともと何の予備知識もない。北欧やカナダの湖沼の酸性化の多数の例から、一般にPH5程度でサケが、PH4・8程度にさがるとマスが死滅し、森林が枯れ、湖沼に魚住まずの脅威を、まだまだ遠い感覚で聞いている程度である。雨中の野球観戦をテレビでみていても、そんなにぞくぞくしたことはない。

阪口さんは別に学者ではない。一九五七年、二十二歳で大阪市役所に入所されて、土木局を経た現在は、下水道局東部管理事務所に勤めておられる。千里丘から志賀町に移住されて十五年になる。

下水道がお仕事だから、水には、浄化についてや汚染についてあれこれ詳しいのは当然だが、阪口さんの調査への動機が、偶然の触目にあるところが面白い。ニュートンのりんごにも比較されるだろうが、滋賀に移ってこられて、自然観察会から自然保護活動へと身を挺されるようになられた時期と、酸性雨がニュースになりはじめた頃と軌を一にしたということ、そういう関心のかかわりが、庭の平戸つつじの花びらに阪口さんの目を釘づけにさせたのだった。五月を象徴するあの暖色の花びらに、斑点状の脱色が一面にあったのだった。一九八六年春のことである。

お訪ねした時に、折よく、「滋賀県志賀町の酸性雨観測データ（一九九二年〜一九九三年）」というB5横長版三十ページの小冊子をいただくことができた。四月末の発行である。ちょっとでも降雨があった日の、PH、導伝率、降水量が、データとグラフに分けてひと月一ページに整理されている。出勤中はご家族の協力によるもので、一回失敗してデータをとりそこねると、たちまち気が萎える性質のものだろうとは、阪口さんに言われるまでもなく納得できた。

〈この測定をやめたら、どんなに楽になるだろうと何度も思いましたね。でも、できた仲間で、酸性雨分取器を所持している人が、どうにもつづけられず、今ではひとりです。八年やってきたから十年はつづけようと思って。〉

この酸性雨分取器（レインゴーランド）が、現在の形となるまでの採取方法の苦労

話が、失礼ながら、私にはたいへん面白かった。形は堅田にある大観覧車のようなものを想像すればよい。漏斗から受ける雨量がカップに一ミリたまれば、次のカップの位置まで回転し、八カップまで、降り初めから酸性度の変容を見ることができるのだが、漏斗の上につけるフタが、雨の降りはじめにどう開けられるかに、ずいぶん工夫があったらしい。電気の仕掛けなどさまざまな提案があっての試行錯誤である。現在は、横転する根もとをトイレットペーパーで締め、濡れて破れるとバネでひらく簡明な装置で、感心してしまう。ヒラケゴマという命名だ。

　こういうことも、阪口さんが滋賀県発信のパソコン通信

「湖鮎（こあゆ）ネット」にデータを載せるようになり、それを見た京都の計測メーカーの堀場製作所が自社で開設した酸性雨情報のパソコン通信ＨＯＮＥＳＴへの参加を依頼し、計測器の工夫などもアイデアを寄せあったそうである。

庭でそのレインゴーランドを見せていただいている時に、小さな蜘蛛がその漏斗の端を動いていた。蜂が身につけた花粉のひとつでも、ティシュペーパーの蛍光剤でも導伝率にひびく。冬の雪はヒーターを仕かけなければならない。器具はすべて純水で洗ってキムワイプでふく。八年間のこの持続。

現在はこの観測のほかに栗東自然観察の森におけるＮＯ²（二酸化窒素）と降下ばいじんの測定を九三年からはじめられた。

対談させていただいたあと阪口さんは、酸性雨に関するシンポジウムや新聞の資料を送ってくださった。酸性雨が地中の大量のアルミニウムを溶かす恐怖は、近未来の人間の終焉への予告だった。

１９９４・６・12

絶滅危惧の生物を救おう!!

滋賀水生生物研究会会長

村長昭義さん

■むらなが・あきよし
1953年(昭28)、彦根市生まれ。南九州大学造園学科卒業。小学校教師として子どもたちに自然の大切さを教え、巨樹、湿原・水生生物など県下の自然を幅広く調査研究している。現在、愛東北小学校教諭。彦根市在住。

童話作家、国松俊英さんの『オシドリからのおくりもの』を読むと、ひげ先生こと村長昭義さんの、水鳥の保護活動をつうじてのふるさと教育ぶりが生き生きと伝わってくる。オシドリは、環境庁自然保護局で希少種にあげられていて、そのことに詳しい村長さんが、たまたま多賀町の大滝小学校・萱原分校の教諭でなければ、この物語ははじまりようがなかった。

ひげ先生も赤ひげ先生同様、善意の象徴だが、一見強面（こわもて）の所も共通している。私との対談中、小学生のご子息が窓から下校の挨拶をして、ひげ面のお父さんが内面まるだしでにこっと対応されるところがよかった。自分の教え子にも、こうして俄かな優しさを向ける面と、強い頼もしさの平常と、こもごもあるのだろう。伐りたおされると聞いたので移植した、といわれるホオとトチの木のみえる窓辺が、村長昭義さんの離れの書斎である。薄い引戸一枚で外気と接しているので構えた建物ではない。机とコピー機がどっかと居を占め、焼付けの終わった写真類が多くの箱からはみだしている。

隣室は書庫だ。植物に関する高価な図鑑や辞書がぎっしり。敷地内の軽の車をカメラマンがのぞいて、「長靴やカメラなんかが積みこんでありますわ」という。湿地の林間にいつでも行ける作業着姿である。

大学は、漠然と公園の設計を夢みていて、はるばる宮崎県の造園学科を選んだ。小規模の公園なら、開発だなと気づくのは時代のなりゆきだが、風がわりな同学の士が多かったというから、いい遊学だったのだろう。

あそびごころを持っている人だと思う。かつて孟子の言う浩然の気が青年の口にのぼったことがある。巨樹が好きで、「滋賀の巨樹探訪」などという記事を書いておられるのをみると、ものごとから解放された屈託せぬ心持という字義がぴったりとくる。小・中・高の先生の資格をもちながら、小学校教諭を選んできたのも、結局廃校になったオシドリの里の萱原分校にとことんつきあったのも、その浩然の気のなかに子どもとともにいることに、かわるものがなかったのだろう。

この対談は、このところ滋賀の自然観察指導者のあいだでリレーされているが、年間計画ができていて、村長昭義さんの役割は、小・中学生にフレを廻して、六月の第一日曜日、芹川での魚つかみをやることだそうだ。

〈子どもらは、わりと、どんな魚がいるかよう知らんのですわ。鮎が釣れるから鮎ばかりいると思ったりね。実際は、ブラックバスやブルーギルが、ようけのぼってきてるし、ニゴイとかヤツメウナギなどもいますな〉

「巣を作る魚」、ハリヨがいなくなったことを嘆いた文もあった。伏流水が湧きでている愛知川の清冷な流れにすむハリヨを子どもたちと探索し、ついにみつからなかった、といわれる。

村長さんは実証主義者だ。巨樹がある。なぜ残ったか。ハリヨがいない。なぜいなくなったか。

工業用水の汲み上げによる湧水枯渇、河川改修、ダム建設、水質汚濁、乱獲。どうすればいいか。

石垣をわざわざ壊して鉄製の矢板を打ちこむような安上がりの工事をやめること。多自然型の川づくりをすること。たとえばドイツのホルツバッハ川の再改修のように、川道の幅をひろげて流れを蛇行させ、瀬と淵、および河岸の植生を復元する。

明解である。あそびごころは自然を愛し、自然のこころを読むことなのだ。それに、自然は広い。

県下の湿原の植物をしらべあげることも村長さんのライフワークである。

痩せ地の植物のひとつとして、食虫植物のイシモチソウの話を聞いた。

〈葉の表面の粘着性のある腺毛で小さな虫を捕らえ、その後特別な消化酵素を分泌して虫を分解、消化吸収するんです。土地がやせているためのぎりぎりの知恵です。逆にこの草をみつければ、ここらは痩せ地だなといってもいいんです。この草も絶滅危惧植物のひとつとして指定されています。〉

〈小学校の先生をしながら、よく時間の都合がつきますね。〉

〈朝五時に起きて、二時間ばかりをあてるのです。風の日は辛い。写真がとれないから。〉

痩せ地は宅地造成やゴルフ場、飛行場の予定地にされると、ひとたまりもない。村長さんは湿原植物をあげていく。

シロイヌノヒゲ、イトイヌノハナヒゲ、イヌノハナヒゲ、イガクサ、チゴザサ、トダシバ、メリケンカルカヤ、カリマタガヤ、ノハナショウブ、サルマメ、ノギラン……もう私にはお手あげだ。村長さんは、学者です。認めざるをえない。幸い、この六月末から、県下でははじめて、（他県でもあまり例をみない）滋賀県生物環境アドバイザーのひとりとして、意見をもとめられることになった。期待は大きい。

1994・7・10

オオムラサキは自然の顔

近江町オオムラサキを守る会・代表

樋口善一郎さん

■ひぐち・ぜんいちろう
1943年（昭18）、近江町に生まれる。彦根東高校卒業後、郵便局勤務28年。家業４代目として、酒屋を継ぐ。

アルトの音域の、なにか、呉服職でも似合いそうな、ご主人であった。旧家だが、磨きあげたような廊下が、大きな仏壇のある居間につづいている。

「ちょっと待って」

と、もう一度、往来から樋口家を一覧した。住居の左側にビールケースが積み重なっている。住居の右手は、ガラス張りで、地酒の銘柄など並んだ、瀟洒な酒屋さんである。

「お酒屋さんでしたか」

と、あらためて請じ入れられる。

「いやいや、今は、近くに大きなディスカウントショップが三つもできて、わたしたちが入手する値段より安く売ってるんで、商売になりませんのや」

とのことである。でも商売一途のがつがつしたまなざしではない。だんだんに判ってくるのだが、二十年来国蝶のオオムラサキにとりくんできた人である。

仏壇にならぶ床の間に、三枚の写真撮りをした絵がならんでいる。白い蝶の図柄を根に据えた、きらびやかな感覚的な絵である。

「東京の造形大学を出た次男政樹の絵です。三、四歳のころから蝶にうつつをぬかしていた子でしてな。かぶと山で、オオムラサキをつかんできよりましたんや。負うた子に教えられってやつですか。それから二十年郵便局づとめの私が、蝶に関してはライバルみたいな研究者になりましてね。捕虫網もって飛びまわりました。」

標本採集にも凝った。その技術は、蝶の標本を郵送しようと局に持参した中学生から伝授された。

趣味と研究が、どう進化していくかは誰にも予測がつかない。ひとりの奇人をつくることも、学者をつくることも、画家をつくることも可能だろう。

樋口善一郎さんご夫妻は、次男政樹さんがあと六年、三十歳になるまでは画学生に徹したいというのを、祈るような気持ちで黙認しておられる。

さて、善一郎さんは、十二年前に「近江町オオムラサキを守る会」を結成した。実質的には、かつての恩師と二人で、蝶を通じて、啓蒙活動から環境保護へという愛郷精神に結びつくものであるが、月に一度、「かぶとやま」を発行することで、近くから遠くへその影響をひろめようというものである。

B４一枚の紙を見開き二ページとした、写真やカット入りの手書きのパンフレット（この七月で一七八号になる）が、実に読みやすい。見出しには、それぞれ工夫された書体を使い、特に小・中学生に訴え、行動に参加してもらう内容となっている。

私の訪れたのは七月八日であった。一日の予定が一週間ずれたのは、樋口さんのご親族に余儀ない不幸が生じたためだった。だが、オオムラサキにとって手おくれとならなかったのは幸いだった。

私はいきなり厳粛な事実に直面した。エノキの狭い葉面にびっしり産みつけられた卵のカラを、内側から噛み破ってでた幼虫が、まずそのカラを養分として食べ、それ

ぞれ別の葉へ遠征していく懸命なしぐさである。

飼育ハウスには、交尾ずみのオスメスが、ばったばったと羽ばたいていた。大きい。オスには紫に白の斑紋が黒に黄の紋へとつづいている。

「ハウス内では、自ら交尾はいたしません。さなぎから羽化するのは、オスの方がきまって一週間早いので、メスが羽化して二、三日たち、傷つきにくくなったのを見はからって、交尾させます。オスの目の色が、澄んだ茶色の時期にかぎります。最終的には、オスの気分によって成就します」

樋口さんは、メスの胴をいとおしそうにつまんで裏返した。

「ほら、これ以上交

尾不能のように栓されてまっしゃろ。この精嚢も精子の注入でかとうなってますわ。この飼育ハウスでは、近親結婚はまぬがれません。オスのテリトリーのなかにメスをひきこんで、自然交尾をさせるには、二キロや三キロの雑木林がいるんですわ」

幼虫は脱皮をくりかえす。保護色も身につけ、冬は樹下の落ち葉に糸をはき、それを台座に越冬する。

「オオムラサキを守る会」は「かぶと山を守る会」に直結している。風穴、列石、化石で有名なかぶと山には、大切な食樹エノキが百五十本あり、そのうちの二十本を決めて春分の日に越冬幼虫の四百頭とか五百頭を根元に放す。「放虫会」と呼んでいる。その参加者の人数と範囲のひろがりが自然ともたらすものを、樋口さんは待つのである。放虫会だけではない。五月の「新緑の観察会」、七月の「成虫の観察会」、十一月の「カウント調査」

多くの天敵から身を全うできるオオムラサキは少ない。樋口さんはギフチョウも飼育するが、それらが子供たちに切ないイノチの叫びを伝達するのを待っておれず、つい「かぶとやま」紙面に直接的な怒りをぶちまけることがある。

かぶと山の北側の山林が、建設工事用の山土採取のため買収されている。エノキが四十五本確認されている土地である。妙な感謝状をちらつかせる手でこんなことを許すな。環境を大切にすると賞めながら、みな殺しの環境をつくってくれるな。

1994・8・14

伝統の浮き沈み

筑前琵琶日本橘会総師範

林田旭城さん

■はやしだ・きょくじょう
1924年(大13)、彦根市に生まれる。1964年(昭39)、筑前琵琶日本橘会家元橘旭宗師より師範の免状を受く。現在日本橘会総師範。同時に詩吟錦城流総師範。

〈八歳の時からでしたね。両親が琵琶を習ったら、っていうもんですから。「一寸法師」などという曲で遊んでもらったことをおぼえています。その篁旭麗師が結婚され、さらにその師の山本旭城師に教えを乞いました。もう故人で、私が二代目を襲名させてもらっています。当時は戦前の戦意昂揚ひたすらな時代でしょ。和楽の琵琶は当然国粋主義に添っていますし、当時はさかんでした。先生宅の玄関は、はきものだらけ。朝十時から夜十二時頃まで人の出入りたえたことなし。百人ものお弟子さんでした。

「大楠公」「北条時宗」、そうそう「加藤隼戦闘隊」なんてのもやりましたなあ。敗戦後、天皇ものが多いので、進駐軍の検閲なんかあったりして、しばらくおちこみました。古典復興のゆとりがでてくるまでは〉

彦根市の繁華街に面した、幅のある駐車場をぬけた奥に、林田繁子さんのお宅はあった。肩書きが少しものものしい。筑前琵琶日本橋会総師範ならびに詩吟錦城流総師範というもので、それぞれ、旭城、錦華の雅号をもっておられる。

実は琵琶と詩吟がそれほど血縁のものであるとは知らなかった。二階のお部屋には、師のお写真や詩吟の門弟の木札がかかっている。

〈歌絃分離といいましてね。琵琶の弾き語りは、あるべき姿とはいえ、大へんな技術や努力のいるものです。今琵琶の弟子は三十人ですが、弾けるのは五人ぐらいです。〉

当日は、三代目旭城を約束されている、堀川旭鵬師範も呼ばれていて、何ごとにも無知な私の啓蒙を手伝ってくださった。

旭鵬さんは、琵琶の歴史にしても構造にしてもよろず詳しい。絃の架かるスス竹なども蓄蔵しておられて修理もされる。

スビワと呼ばれる素朴な琵琶を奥の座敷から出していただいた。単純に美しい。今は五絃が通常である。桑の胴に桐の腹板が張られている。この胴の刳方（くりかた）と腹板の厚薄によって、大いに音色が異なってくる。腹の対の半月形は、琵琶の眼（日月）といい、銀や青貝などの虚飾は無用で、古来鹿角に限られていたらしい。先生方の苦にされるのは、製作者の少ないことである。日本音楽の楽器全般についてもそうだが、稀少に応じて値がつりあがる。ケイコ琵琶が四、五十万円だとすれば、最初のつまづきから、じゃピアノにしようかと、学校教育に通有性をもつ西洋に流されやすい。

今日本に流布されているのは、薩摩琵琶と筑前琵琶の二派である。ともに盲僧琵琶に流れを発し、武家の遊びであった。

筑前琵琶は、初代橘旭翁（一八四八〜一九一九）が大人物で声名を馳せ、その娘婿の旭宗から橘会、三世旭翁から旭会の二派の流れとなって現在にいたっている。

旭城さんに弾きかたをうかがった時、琵琶をひざに据え、紘を外にむけて、びびんびーんと奏でてくださった。その四、五秒ほどの所がテープに残っている。胸に感じる音である。いま琵琶の師匠は滋賀県では旭城さんひとりになってしまった。詩吟は彦根支部だけでも八百余名をまとめておられるそうだから、磁場自ら流れをきめると

ころがあるのだろう。

大坪草二郎著『筑前琵琶物語』を読ませていただいた。初代橘旭翁伝である。実に面白かった。明治のある側面が理解できた。

初代旭翁は、ジャレ声のむしろ悪声で歌詞に七分、琵琶に三分の配慮をおき、曲中の人物像が聴者の胸にしみこむよう苦心したそうである。明治天皇御前の弾奏で、「名人の芸とはこのことであろう」と嘆ぜしめている。

その「流し」論が面白い。

「華美に唄ふのを春節（ぶし）と名付け、強く活発に唄ふのは夏節と称し、軽く涼しく唄ふ節を秋節と呼び、凛として冷かに唄ふ節を冬節と命ずることにした。其他憂ひ等に唄ふ節をば露節、艶よく唯声を張り揚げて唄ふのを雲節、穏やかに始め声を揚げて少し廻し静かに声を下げて来る節を旭節、面白き曲の節を唄ふのを山越し、又駆け込み、走り込み等の節をば大落としと名づけて居る。」

気候や地形との人間の自然な対応が、いかにものびやかで愉快である。

でも薩摩琵琶の精髄を会得するために、当地にのりこんだ時には、睡眠二時間、残りは琵琶を手から離さず、半年で仕上げたそうである。

林田旭城さんにとっては、そんな熱意の何十分の一でも傾けてほしいところだろう。

〈三十分一曲というのがふつうですが、今の人は辛抱がたりません。やっと十三分ぐらいにして、「大楠公」でいえば正行との別れの場か、正成の討ち死の片方の山場に限るんですわ。まともな流れで、ひとりずつ、三十分もたそうとしたら、坐る辛さだけで音をあげて帰ってしまいますわ。

でも、若い層の芽ばえもなくはないんですよ。外人で大学の講師をなさっている方や大学生のお嬢さんや〉

1994・9・11

縁《えにし》ふかぶかと舞踊の道

舞踊　山吹流教授

山吹千雀さん

■やまぶき・せんじゃく
本名＝村山三千枝。1925年（大14）、日野町に生まれる。若い頃から日本舞踊の道に入り、現在、山吹流教授。同時に全日本民踊公認指導者。

彦根市芹橋二丁目の界隈といえば、城下町特有のくねくねした細い通りである。ところが内部の、応接室、稽古用舞台の奥には、りっぱな枯山水の庭がある。大正五年来のものだそうだから、何となく、ふかい閲歴をもつものの表情をしている。

山吹千雀さんは、一見して、なるほど舞台の人であった。見おろすようで落ちつかないが、こちらをソファに坐らせて、師匠は着物姿で正座されているのだった。だからといって、話は屈託なく、気どりもなかった。というより、あけすけに来し方をお話しくださった。それは戦前戦後の大動乱の波が庶民をまきこむ、なまなましい渦中の物語にほかならなかった。

日野町生まれの子どもの頃、近所のひとりぐらしの芸者あがりの方にかわいがられ、踊りを仕込まれた縁がある。筋のよさを認められた天分の自覚は、この時生じている。後、一家あげて本籍地の彦根に転住。

敗戦一年前の昭和十九年、陸軍中尉で北支に転戦中の現在の夫が、部隊長命令により、一週間の休暇をもらって帰国。母のいとこという縁だけであわただしい結婚式をあげさせられた。戦場に果てる前に、銃後に子孫のタネをまいてこいという、軍部の方針だろう。

夫は彦根藩の士族の格式高い現村山家で、彦根高商の頃、養子に来た身である。姑の気位もたいへんなものだった。ところが、実家は、明治以来の演劇専門の貸衣裳店で、夫の兄がその店主、その伯父、叔父らは、それぞれ劇場主、映画館主であった。

戦後、素人演芸の流行の波が、地方の村々までおよび、貸衣裳店が繁盛した。いつしか貸衣裳と抱きあわせに千雀さんが踊りの教えにいくことも、役者不足の時に舞台にたつことも、歌舞伎役者との出あいが多いことも日常となり、幕内の世界にひたってしまっていた。

その頃から本格的に日本舞踊の道に入る。西川流を皮切りに、藤間流、若柳流、花柳流、それに歌舞伎舞踊……。別に移り気のせいではない。転住されたり、引退されたりして師の方にふんばりがなかったためだ。結局、山吹流の創始者である山吹実師のひきで、二十数年その指導にしたがい、現在教授の看板を許認されている。名取、師範、総師範、教授と、家元制度では頂点をなすものだが、千雀さんは、もったいをつけない。

「月謝や看板料もあがりますしね。本当にお弟子さんに汗水流して稽古をつけ、いただく月謝は、私の前を素通りですのよ。看板をいただいて、実力に差ができるわけではなし、まあ、家元制度の維持のためね。なるんだったら、家元ですよ。」

「私は、ウラカタを知ってきたので、大道具、小道具、衣裳方のあれこれへの心づかいから、ねたみやいじめへの対応など、根性のしたたかさも経験したつもり。顔師の資格ももっていて、舞台では役に立ちます。昭和三十七年から全日本民踊指導者講習会にでかけて、上級になるほどむつかしいペーパーテストと実技テストを年々にこなして、今公認指導者です。」

「常盤津や長唄、清元に添う日本舞踊は歌舞伎とともにまだまだ保護・維持されるでしょう。でも大衆との感性のギャップは大きくなっています。山吹流が新舞踊と称する由縁は、洋舞もとりいれて判りやすくしている点です。私の踊りも古典派に言わせると、動きすぎるといわれるんですよ。芝居に近づきすぎて説明的な要素が多いのでしょう。」

三年に一度は、彦根市民会館大ホールで、山吹千雀舞踊の会をひらく。来年がその年で、内弟子二十人、外弟子八十人をどういう組みあわせにするか熟慮中である。

ビデオを貸してい

ただいた。和歌山支部での発表会一巻、今年五月のものである。千雀さんの舞踊は「男の花道」。他に短時間用の千雀さんのビデオで、一巻ずつ「佐渡の恋唄」と「岸壁の母」。

家元山吹実さんと二代目山吹秀さんの信長・蘭丸に扮する踊りは、まず舞台のしかけに一驚する。本能寺の変では、火の手があがり白煙が床を這い、中間の幕を落すことによって本堂の崩落をあらわしていた。

千雀さんの「佐渡の恋唄」の佐渡おけさのところになると、差し引く手に、なるほどという奥義を感じる。「岸壁の母」での、一瞬の溶暗のなかで、十年位の経過を知らせる急激な老けの歩きぶりもそうだ。芸をみせつけられた思いだった。

稽古場の音響効果のある舞台で、いろいろ説明をうかがっている時、突然千雀師匠は、両股ひらいた男舞いの踏んばりをみせた。目にうつる一瞬の動きと同時の反響音。あとで槍を両手にかかげながら、防戦一方の家元演じる信長のなかに、同じものを見て納得したことだった。

1994・10・2

透みきった郷愁

童謡詩人

細川雄太郎さん

■ほそかわ・ゆうたろう
1914年（大３）、日野町に生まれる。関東で味噌醤油会社に勤めるかたわら、童謡作詞の投稿をつづける。戦後もいくつかの同人誌に加入、詩作。現在日本音楽著作権協会正会員。詩誌「葉もれ陽」主宰。

日本中の少年少女の口の端にのぼったと思われる、「あの子はたあれ」と「ちんから峠」。その童謡の作詞者として知られる、日野町の細川雄太郎さんは、土地の習俗にさからって表現されようとしたわけではない。逆である。近江商人の伝統のなかにある日野町では、男は、単身関東各地からさらに以東の地や関西にも働きにでかけ、女・子供が質素に貧しく、家を維持していくのが通常であった。木地師の土地柄だから、比較的軽い汁椀や、生活用品、薬などをもち運ぶ商人たちと、接続されてあったものだろう。

細川雄太郎さんは、傘寿を迎えられる。私が訪れたおりには、庭の樹や花のなかで下をむいて立っておられた。顔色やや浅黒く、老衰のかげりはない。細身だが、戦中、軍隊で砲弾を運び、戦後は、亜炭の運搬に従事されたという、肉体労働者の名残のあるからだだった。

ただ、庭といえるほどの庭ではない。区面をさだめて手入れをする工夫よりは、時のなりゆきまかせの空間で、すがれたあじさいの花群もあれば、夏のなごりのあざやかな花をつけた紅燭旗もあり、樹もさまざまであった。

日野町には、孤高の生涯を送った、反骨の詩人、故野田理一さんのお住まいがすぐ近くにある。細川さんとは、一度だけしか会ったことはなかったそうだ。野田さんの詩に、数十年の春秋の交代のなかで、かつは消え、かつは現れる庭の樹のめぐりをうたった一篇がある。その名作を思い出しながら、これも詩人の庭にふさわしいという

目で、私は見わたしていた。

細川さんの学歴は小学校だけで、四十人中三人くらいしか中学校へはあがらなかった当時の習慣に従っている。お店（たな）行きの家庭が、おおかたで、お父さんが赴任していた勤め先へ丁稚奉公にやられたわけである。

信州味噌といえば有名だが、あれはもと日野町の開発にあるらしい。そういうかかわりや由来はさておいて、細川雄太郎さんの仕事先は、群馬県新田郡藪塚本町の味噌醤油の店であった。新田義貞の出身で知られている。

細川雄太郎さんが童謡詩人として名作をう

むきっかけは、まったくの偶然に由来するからおもしろい。その勤め先の店の隣家を下宿先ときめて、越してきた人があった。その人は夏ともなれば、パンツ一枚でねっころがって、ハーモニカを吹きながら作曲していた。当時六、七社あったレコード会社のひとつ、キングレコード文芸部に所属していた定方雄吉さんであった。その定方さんの手もとには、ガリバン刷りの同人誌「童謡と唱歌」がおかれていた。

その同人誌は、「みかんの花咲く丘」の作詞者加藤省吾さんが、自分でガリをきり発行している同人誌であった。

丁稚でふざけるコメディも、当節はうけいれられないほど遠くなってしまったが、感傷的な年代で、その同人誌に稿を投じるチャンスを得たことほど、時宜にかなったことはなかっただろう。

日野町は辺境の地であるだけに、大自然に恵まれている。若い身空で、無理強いにへだてられているだけに、ことばは郷愁へむかって純粋に結晶する。仮に「ちんから峠」の二番をひろってきてみても、どの言葉も、動かせない珠玉のよさがある。

ちんからほい　ちんからほい
ちんから峠は　おひよりほい
ふもとの　子供が
ちんからほいほい　ちんからほい

わまわしごっこで　あそんでる
小鳥もぴいちく　ないてます

「あの子はたあれ」も「ちんから峠」も海沼実さんの目にとまるところとなって作曲された。これだけは偶然ではない。どんなに読みなれた人でも、同人誌のなかの無数の作品のなかから一作を選び、作曲者自身の命運を賭けるためには、よほど慎重にならざるをえない。

海沼実さんは「音羽ゆりかご会」の指導にあたられ、童謡歌手を育てられた方でもある。川田正子さんが、その縁で歌われている。三拍子そろって、この二作は長寿のひとり歩きをしている。

味噌醤油の会社は、満州からの大豆が入らなくなり、昭和十五年の秋、解雇をうけ、昭和十六年には召集された。

今、郷里で団体職員として停年まで働かれながら、細川雄太郎さんが精魂かたむけておられることは、同人誌の発行である。南英市さんらの協力をえて、昭和三十四年から季刊誌として発行してこられた。誌名は「葉もれ陽」。すでに一〇八号を重ねている。表紙に童謡・歌謡・ホームソング、と書かれていて、作曲者の注目をうながしている。わが少年時代の志をひきつがん人のために。

1994・11・13

教えるのは教わること

日本民謡「八祥会」八祥流家元

宮本敬子さん

■みやもと・けいこ
1940年（昭15）、福岡に生まれる。幼年からお母さんの指導をうけ、5歳で舞台にたつ。10歳で100曲をマスターし、コンクールを総ナメにしていた。1975年（昭50）、八祥会を創立、会主となる。日本民謡滋賀連合会理事長。野洲町に在住。

「このかわいい子たちの三味線姿、これを写真にだしてくれはらへんかしら。私が私をかたるより、この秘蔵っ子弟子たちの晴れの舞台姿を紹介する方が、なんぼか私の誇りや自慢につながるんです。小学生の初年から入門してきて、揃って優秀な高校に進学し、ふつうなら、人生の岐路で、別の道を辿ろうとするのに、みな、やめようとしなかったの。記憶力がよくて、天才的な音感をもっているから、五線譜でしかあらわせない演歌のような音も、やすやすとってしまうのね。県下ではほかにいません。おばさんなんて、できっこなし。教える私が、ときどき、あたふたするの」

と目を細めるのが、日本民謡「八祥会」の家元・宮本敬子さんである。

——何によらず、家元とか師範とか名取りとか、直接お金にかかわることですから、ねたみややっかみ、ややこしいことがおこりませんんか——

「そら、えらありですわ。五年間師匠について、（二年で渡す人もあります）名取りとなって、三曲や四曲こなしたからというので、まわりの人集めて師匠気どりの人、ぎょうさんいます。そやかて、地縁のひと、なんぼ集めても、ねっから資格ないのやさかい、立つ所にも立てへんし、無視されますわな。

私は弟子筋からは、一割しかもろてません。それ以上はあかん、いうて、主人がきびしいんですわ。

家元を名乗ろう思たら、三味線でも、民謡でも奥義を極める必要があるわね。私は、十歳の時には百曲はこなしていたし、コンクールにでたら総ナメにしましたけど、民

謡にもきまりがあって、ここまでは一息とか、ここで、このようなユリ（こぶし）が必要だとか、きちっとした約束事ははずさないよう、仕込まれていますもの、また、それを伝えていきませんとね。

ちょっと淡海節やってみましょか」

手もとにあったご主人用の、二百五十万円はするという太棹の三味線を手にされると、これも五十万というベッコウのバチをあてて、気軽に調音される。カメラマンと私のふたりは、どうも膝が落ち着かない。

けれども、これが稽古をつける日常のふるまいだろう。その日のどぎまぎからはなれて、自宅でテープを聞きなおしたが、さすが聞き惚れるだけのことはある節まわしだ。八祥会は、昭和五十年に大阪市西淀川で創立された。会名は、宮本敬子さんの誕生日八月二十八日に由来するという。

その二十周年記念大会の「民謡まつり」が私の訪問した日の一週間前、草津アミカホールで開かれ、来賓多数を招き、一門こぞって盛りあげたそうだ。なかなかりっぱなプログラムが、県下の広告主をしっかり集めて発行されている。念願の大会であったことがしのばれる。

つづいて敬子さんは、「八祥会音頭」を披露してくださったが、

「ダーリン！　ダーリン！」

と奥にむかって声をかけ、出てきたご主人に、

「太鼓をお願い！」

といわれる。

何となく汗をかきながら拝聴したが、ご主人は、大阪市役所の公務員で、しかも津軽三味線・長谷川流の家元、長谷川一義師のもとで師範を許認され、長谷川一祥の名をいただいていることも知らされた。

「はじめは、大阪市役所で教室をもっていた私の弟子だったの。その後あれこれと小説一冊分の経過があって、十歳年上の私と結婚してくれたの。おたがいに初婚です。私の民謡にかける生涯あげて、これに過ぎる収穫はないわ。結婚して十五年、今では

八祥会の会長もひきうけてもらっています」

かつてスポーツ万能という恰幅のいいご主人は、三味線の音律の工夫に余念がなく、三味線にもその癖がついているらしい。津軽三味線といえば、気力体力ともに充溢している時ならではの芸で、名人とうたわれる家元・一義師も四十二歳の男盛りである。

「小学校六年から中学三年生の声変わり時期の娘たちには、本当に気をつかい辛抱しました。絶頂の時期を見はからうのが大変なの。弟子も辛抱するんやけど、私もひたすら忍耐するの。今、準師範の後継ぎに決めている子は、社会人になって二十二歳。かわいい小柄な子やけど、はっきりいって天才です。この子などは、真実、教えることは、教わることという反応がぴんぴんきます。主人につぐ家宝や思てる。幸い近くの住人やけど、結婚したら所帯も近くにもってね、と頼んでるの」

天衣無縫の人がらである。この気性で、ねたみをかわしてきたのだろう。今年十四年目の日本民謡滋賀連合会では、理事長に推されている。

いわゆる高度成長期が終わった昭和五十年代から、民謡は再び脚光をあびはじめている。文明のもたらす豊かさが、民謡に歌われた風土、人情、生活を破壊していることに愕然と気づいたのである。宮本敬子さんは、まさしくその時流のひとりだろう。

1994・12・11

冬山征服などとは人間の傲慢さ

登山家
山本一夫さん

■やまもと・かずお
1945年（昭20）、高知県南国市に生まれる。1967年（昭42）、京都に、登攀倶楽部・京都を創設。1976年（昭51）に登山用具店「岩と雪」を開店。日本山岳ガイド連盟国際委員長。文部省登山研修所専門調査委員。

写真家の中島省三さんから、かねがね、山本一夫さんのことを敬愛する登山家と聞いていた。一九九二年十月三十日午後零時九分に、地上に残された最高度の未踏峰、ヒマラヤ山系の東端に位置するナムチャバルワ峰（七七八二メートル）の頂上を、日中合同登攀隊長として踏みしめてきた人だとも聞いていた。肺結核で整形手術をして、肺活量をちぢめている私など、身震いするような話である。私などが聞いて、伝えて、その感慨をヴィヴィドに読者に響かせようにも、基本的なものが欠けている。

でも、まあ、会ってくださった。大津で経営されている登山用具店「岩と雪」の隣の喫茶店で、お客がたてこんでいる合間をぬって一時間ほど、愚にもつかぬ質問にも答えてくださった。

——私の若い山好きの友人が、水平思考と垂直思考の話をして、だんだん空気が希薄になると、思考がばらばらになり、せいぜいケンカのネタさがし程度の議論になってしまうが、下山するに従って涙がボウダと流れ、ただありがたくなるといっていましたが。

「高山病というのは、二千メートルでも起きるんですよ。ただ、私たちの場合、単に生理的現象への対応だけでは済みません。たとえば八千メートルでも、一度登っていれば身体は記憶しています。本来は三十日も四十日もかけて馴らしていくことですが、もともと異常環境をめざして登っていくわけですから、テントのなかの隣の男のイビキにいらいらすることもあります。すこやかに息をする他人のイビキなど、快適であるべきものに腹がたってくるのは、吹雪にとじこめられた閉塞状態のなかの、人間の正直な我ですよ。本音ですよ。それで正直なんです。その正直さに足をすくわれれば、空中分解しますがね」

NHKのビデオ「再挑戦・未踏峰ナムチャバルワ」を借りて、息をのみながらみている終わりの方に、登頂前夜のことがでてくる。「標高七千六百《メートル》のビバーク地点まで辿り着く。ヘッドランプを頼りに雪を削り整地する。ツェルトを被りビバーク態勢に入ったの

は、午後八時であった。」と山本一夫さんのリポートのある個所である。

青田浩隊員が話している。

「風がないといっても、マイナス三十度となると寝袋はないし、寒くて手足が痛く、全然眠られないし、山本さんを中にはさんで、肩を打ち合わせこすりつけるようにしていましたね」

貸してくださった本のなかに、ノンフィクション作家後藤正治氏の『咬ませ犬』があった。棹尾におかれた「ザイルの彼方」が、ナムチャバルワ登頂後の山本一夫さんに取材した作品で、『中央公論』に既出のものである。〈無償の執着〉につかれて、生きてきた人たちばかりとりあげている。

山本一夫さんを、〈無償の執着〉ととらえるのは、よく本質を抽象した言葉だ。高知県南国市生まれ。定時制高校に通いながら市役所に勤め、いずれの登山部にも属し、指導者がいなかったので、岩場に『ロック・クライミング入門』という本をもちこんでトレイニングしたクライマーだ。高校時代に五泊六日で桂浜から新居浜まで縦断したといわれるが、危険を克服する技術の修得に、一七五センチ五五キロの、ずっと保っているしなやかな身体は、常に我武者羅だった。

四国では飽きたらず、京都の登山用具店に住みこんで、そこを足場に岩登りにのめりこんだ。

穂高・屏風岩東壁小倉ルート（単独初登攀、一九六七年）、黒部・丸山東壁南東ル

ート（積雪期初登攀、七〇年）……こういう引き写しはきりがない。ただ屏風岩の場合の、雪崩の難の場面を後藤氏の筆から借りたい。

〈屏風岩下のとっつきにいた彼は、本谷一ルンゼの雪を剥がして流れ落ちる雪崩に巻き込まれた。「ゴーンと気を失って、気がついて見ると周りの地形がまったく違っていて、雪の上に上半身だけ躰が出ているんです。二、三百《メートル》は流されたでしょうか。それでもその付近にビバークして、その翌日に屏風岩を登っているんです」〉

いくつかの難や、これ以上の登攀は凍傷のため手足の切断につながる、と判断される場合の敗退などが、山本さんの猪突感覚をずらさせ、謙虚に、かつ、大きくさせた。

「五十歳に手がとどこうという男を、ナムチャバルワに誘ったのは、隊の安全弁になるとふんだんでしょう。幸いおくれはとらなかったけれど、その点、念をおして行きました」

いまでも山岳ガイドなどで、年に百五十日は家にいない。そんな彼でも、中学一年の頃の長男と密着した二泊三日の経験がある。お盆のころ、二人のりのカヌーで、琵琶湖一周（二百《キロ》）を果たした。その子も今は、コロラドの大学三回生。

1995・1・15

古大津絵の奥の無心の絵師

4代目　大津絵師

高橋松山さん

■たかはし・しょうざん
1932年（昭7）、大津市に生まれる。本名文平。1952年（昭27）京都美術工芸学校卒業。1960年（昭35）、大津絵友の会発足（現在、松楓会会員200名）。1962年（昭37）、4代目高橋松山を襲名。1970年（昭45）、万国博で大津絵出展、実演以来、この種の展、数多し。

大津絵師　高橋松山さんの声は、なかなか渋くて韻がある。仕事机から気軽に立ち上がって、次の間の囲炉裏ばたで、話に応じてくださった時、まず感じたのはそのことであった。明晰なふかい響がテープにおさまっている。大津絵師四代目として、本職としては、ただひとり残された方だから、類似的な質問をいやというほど浴びてきたことだろう。まして私の方は、どシロウトだ。我慢していただくしかない。

――昭和五十年の鈴木仁一さんとの対談を読んできたのですが、お祖父さんの二代目松之助さんの筆は、名人といわれたそうですけれど、その遺伝でしょうか。

「え、遺伝ですって？　名人ですって？　いやいや大津絵というのはあくまで慣れです。決定、反復、敏速、この繰り返しです。一㍉と誤差のない絵が描けても、思考が走っているわけじゃない。腕の慣れの自然です。結果として美と映じるだけです」

――私の方が三歳年長ですから、戦中戦後の雰囲気は判りますが、たいへんだったでしょう。

「子供ごころの印象として、大津には予科練習生や少年航空兵がいて、その慰問に来た母親に一泊の宿を頼まれることがありました。ソバ粉や米持参の余得にひかれて、お泊めするんですが、帰りに大津絵を買ってくれるんですね。日本の敗色濃い時にね。不思議だな、と思いました。実用価値のない大津絵には負い目があったな。

あんな絵はいつでもマネできるさ、とは思っていたけれど、代々の家業なんて、継ぐのは、誰でも抵抗があるでしょ。戦後は、窯を置いて上絵付けをしたり、お菓子を並べたりしていました。誰かが器用で、転職してソバ屋にでもなっていたら、ソバ屋の三代目ですわ」

アメリカの進駐軍には、美術部隊があった。当時の言い値に応じて買ってくれたり、海外に紹介もしてくれた。生活の資とすることに追われて、やがて到来する骨董的価値には思いいたらなかった。

大津絵は、参勤交代制によって交通量の増大した東海道の安い土産品として、追分で売られていた民画である。芭蕉の「大津絵の筆のはじめは何仏」や近松門左衛門の「傾城反魂香」の吃の又平という大津絵師の主人公で文芸的に残されたり、一蝶、応挙、鉄斎などの絵に重く用いられて、その伝統はひろめられている。柳宗悦の力がなければ、現代にひきつがれる魅力に不足は生じただろう。

でも、それをふりかえる余裕ができたのは何といっても、日本人一般の経済的な豊かさであり、その時期にあわせたかのように、その滅びなんとする伝統を再現してくれる高橋松山さんが居あわせたということになる。

「戦前も大津絵の保存会はあったのです。でも非常時になれば蜘蛛の子を散らすようなものです。よく、伝統を守ってきたな、といわれることはありますが、私は、それはおこがましいと思っています。逆です。伝統に守られてきたのです。理屈と膏薬はどこにでも、どのようにもつく。若い時の理屈と、年とってからの理屈のストーリーがちがったりしてね。(笑い)

息の根をとめられそうな気配は何度も感じましたね。三十歳で四代目を襲名しましたが、はじめは、古大津絵に対する見方が違いました。若い時の勢いでしょうか、技術的には負けていないという自負がある。時代の流れに応じようという、ひそかな心構えもある。でも年を経てくると、古大津絵の奥がみえてくるものです。

あるとき、ガクゼンとなる。そしてショウゼンとする。自分の仕事は何であったかと、アゼンとする。街道で客を待たせて筆を走らせていた絵師は、寒さにおびえていたり、汗をぬぐいながらの作業だったでしょう。私が絵の奥にあるものに近づけぬと感じたのは、ただ売るために腕を記憶のまま辿らせている、その無心さです。

そこに思いいたったのは最近になってからです」

酒は元来たしなまぬ方ではなかった。だが宿（ふつか）酔いで、藤娘の美人画の顔に躊躇のふるえが走ってから、きっぱり断った。深夜の酒房でのつきあいには応じるが、酔い人の本音が聞きたいからであって、自分は一滴も口にしない。命を賭けたのは、大津絵を継承し、それをこえること。越えるというのは、ファンの要望する新しいパターンを創作し、売れる意匠として定着させることである。

一九九三年十二月、高城修三の解説づきで『大津絵　高橋松山画集』が刊行された。古大津絵のパターンを鮮明な輪郭と配色でみごとに現前させてくれたと同時に、創作二十点を添えて、その方向を示している。記憶にとどめるべき氏の一言でこの文を締めよう。

「はよ満足したらしまいですな」

1995・2・12

仏縁にたどりついた輝き

滋賀下阪本真光寺住職

新保晃妙さん

■しんぽ・こうみょう
1933年（昭８）、東京都に生まれる。1980年（昭55）得度。1982年（昭57）、滋賀・大津市の真光寺にはいり、その後住職となる。天台宗。

いつも感じることだが、人から受ける感銘は、用意された理論的なところからは、おこりにくい。新保晃妙尼さんのことも、対談のテープをとめたあと、すっと辞去していれば、印象がとりとめない、要領をえないものにとどまっていただろうと思われる。そしていただいた本『聞き語り・落飾の理由』の内容をなぞりながら、築地の料亭の女中を経て、東京渋谷でのバーのママからの転身という、俗耳に受けやすい話題の筋を辿るしかなかっただろう。

格別何かがおこったわけではない。帰ろうとするまぎわに、

「先輩の僧が、神戸の被災地で音沙汰なしの数日間の救援活動をされたあと、ブラジルへ戻る途中、たちよられています。私は、東京へ行く用がありますので、ちょっと叡山駅まで乗せてください」

と、同行のカメラマンに声をかけられた。

「どうぞ、どうぞ」という声で活発にたちまわる足音と錠をしめる音が、ひとめぐりしたあと、車の奥に坐って待っている私の前におふたりが現われた。素足に下駄の僧には、行者の筋骨があらわにうかがえたし、庵主さんは、紹介して一礼される手続きのあい間、余分な思いのない空気のさらっとした感じをのこされた。別れの情味など微塵もない。友人、清水哲男の詩の二行、

僕らは軽く手をあげるだけで
死ぬまで別れられるのである

という味わいが、駅のホームへ吸いこまれるおふたりの背にとどまっていた。

それだけのことである。

五十ページほどの『落飾の理由』よりも、僧と尼僧の二分ほどの道行きの風情のほうが、尼僧の何たるかをはるかに雄弁に語ってくれたのであった。

庵主さんはお顔の色艶がとてもいい。とても六十歳をこえているとはみえない。バーのママとしての手腕も色気も充分だったとみうけられる。もてにもてて、収入も潤沢、貰いものも、百万や二百万のダイアモンドやアメジストなどの宝石、人と同じ着物を着るのはイヤで、宇野千代デザインの一点もの、などとあげれば、男女の機微にもつれこみそうだが、それは聞かされなかった。二十歳のときに死に別れた恋びとの話をひとつ抽象的にあげられただけである。

庵主、新保晃妙さんは、戦時中の疎開先、群馬県前橋市の新制高校を、両親とのあい次ぐ死別のため中退せざるを得なかった。それのみか、既婚の姉を措いて、ただひとり、小・中・高校生の三人の妹の生活費と学費のため、上京して女中奉公をした。住み込みだから給料は全部送金した。仏縁があった。東京での新保家の菩提寺神田寺の友松円諦師との縁で、師は法句経の翻訳で知られた仏教改革運動者である。女中奉公の休みには訪ねに行き、電車賃を貰って帰った。幼いながら記憶にとどまった法話がある。

晃妙さんは稼いだお金を楽しみのために使えないのが不満だった。師は、花柳界の

事情を知った晃妙さんに、

「旦那とは、お金で芸者を身請けする人のことではなく、本来は、インドの言葉『ダーナ』がなまった施主のことだよ。おまえさんは妹たちの施主だよ」

と説かれたそうである。

女中から自立して、ママさん稼業をするうちに、妹たちは結婚した。

晃妙さんは金の不自由さのないままに、理事などの肩がきをえたり、選挙にかかわったり、海外旅行をしたり、虚栄心の誘うままの栄華を尽くしているうち、胆石で大手術をすることになり、当然ながら妹たちの看護を受けた。

この「当然ながら」へのこだわりが、晃妙さんを出家へと導いたというのである。守理に落ちる話である。かつて青春をなげうって、勉学心を捨て、妹たちのために、いそいそ銭奴のような生活をした。徹夜マージャンの客からは必ずチップがでるから、いそいそとつきそった。そのおかえしの心情が今、妹たちを呪縛しようとしている。喜んでという気持はみてとれる。でも、それを受けようとする自分のなかに、多少でも打算は働いていていないか。

『落飾の理由』という本のなかで、私は、滋賀二人、京都一人、千葉一人の尼僧のことを知った。仏縁に導かれるひとには、共通するものがある。大きな我欲を捨てるひと筋のつよい流れが内からも外からも働いていることだ。何やかやでさえぎられていても、微塵の動きからやがて大きな一本となる。

訪れた時、真光寺はピカピカの新築の庵だった。昨年四月二十四日、落慶法要をしたばかりだといわれる。傾いて、縁に立つだけで虧損した古い庵は、五十年の無住寺の期間を経ているが、伝教大師作と伝えられる重要文化財のあやめ地蔵や千体地蔵をおまつりしてある。この庵につながる仏縁は、前橋の女学校時代の恩師で天台宗の僧侶・小林寛晃師であるから、縁は若年から播かれていた種子に胚胎していると理解すべきだろう。

1995・4・16

古代都市を見せる学者

滋賀大学教授

小笠原　好　彦　さん

■おがさわら・よしひこ
1941年（昭16）、青森市に生まれる。東北大学大学院文学研究科修士課程修了。現在、滋賀大学教授。大津市在住。

私は少年時代から地理歴史を苦手としていた。自覚せざるをえなかったが、詩を書きはじめてからも、この重大な欠陥が、私の作品の奥行や幅をせばめるにちがいないと思ってきた。記憶力に自信がなかったことと、すぐ車酔いをおこす体質にことよせて、史書を遠ざけたり、旅とは無縁であったりしたからだ。一九七一年に四版を重ねた岩波の日本歴史二十三巻も、購入はしたが精読はしなかった。

それがたまたま、滋賀大学教授で考古学者の小笠原好彦さんとお出会いすることになった。『難波京の風景—古代の三都を歩く』を文英堂から上梓されたばかりである。しかも「民報」の記者を通じて前もってその新著をお贈りいただいた。

お出会いするまでに、一九九四年一月発行の大阪府地図と対照しながら、ざっとこの本に目を通すことができたのは幸いだった。現大阪の地図とか数多くの写真、大きく湾の入りこんでいた古代の地図、をはじめ、地図、遺構、復元図、復元模型などで、各ページ三分の一ずつ埋めた本である。日本書紀などから、類推演繹された気の滅入りそうな文字の羅列ではない。今の活字の苦手な学生向きだ、などとはおろか私自身、こんな判りやすい歴史の教科書にお目にかかったことはなかった。

特にトピック欄として、「大津宮と難波宮▼両宮は双子の関係か」とか、「恭仁京・紫香楽宮と難波京▼各宮の関連」などという気軽に入りこめそうな欄の工夫などもあって、ちょっと一息ついて、別の緻密な考察の露地に折れる楽しみもあった。

小笠原好彦さんが、新聞記者に対して、真率で、判りやすい説明をしてくださる方だとは聞いていたが、約束時間よりも少し早めに研究室にお邪魔しても、しずかに執筆状態から顔をおこされて、「いいですよ」と応じられる態度には、ごく自然な謙虚さがあった。端正といってもいい。青森市出身という経歴は読んでいたが、俗に伝聞される太宰治や寺山修司の屈折された対応はなかった。

それどころか、すぐ気がついて恐縮したが、御自身は折りたたみの安直な椅子にかけられ、ふわっとした椅子を対座的に用意されていた。大分早くからに違いない。

「狭いでしょう。でも卒論指導の時には、ここで窮屈そうに坐るのですよ。親密感が通うものでしてね」

考古学概論、特論、環境科学、学芸員の資格をとらせるための博物館実習、出版物のレイアウトや展示要領の指導から、トレースして墨入れする図面の書き方、遺跡発掘の実際と、推定復元図への訓練。

小笠原先生に指導してもらえる学生は幸せだな、と思った。手抜きをされない方だ。滋賀大学教授は十五年になられる。今年からは、付属小学校の校長を兼任される。関西との縁をうかがって、大きな運命を感じさせられた。東北大学大学院を出る頃は、考古学を志す者にとって、就職先の目当てなどどこにもなかった。たまたま昭和四十一年に、平城京発掘の公務員（奈良国立文化財研究所）に定年退職のための欠員がひとりでたという偶然があり、応募採用されたのである。昭和三十五年池田内閣の頃、国が一キロ四方の土地を買いあげ、ポンペイのように発掘して、二十年かけて遺跡

を展示せんものと、五十人近い考古学者や古代史研究家をあつめて発足されたものである。(三十年かかっても継続中)

小笠原好彦さんは、平城京、飛鳥京、藤原京と、青春・壮年の十五年の歳月をとおしてこの発掘に従事された。天智、天武、聖武天皇につながる研究が、難波宮から大津宮、恭仁京、紫香楽宮へと、必然性をひろげてみせてくださる時、レリーフのような起伏が、読者をわくわくさせるのは、この地味な青春期の発掘への埋没によるものだ。「東北弁のなまりから、関西弁へは飛躍がききませんね。標準語にとどまっているのがやっとです。学生もヨソ者だとすぐ見抜きます」

とおっしゃる。

でも、そのなまりを殺し

た説得力のある弁で、ずい分話していただいた。滋賀は、うんと面白いのだそうである。天平文化を支えていた経済的な根拠は近江だった。考古学者には仮定の話も、フィクションも禁物だけれども、もし、天智天皇が大津宮に遷都して四年あまりで亡くならず、もう十年続いていたとすれば、ドラマの展開がちがいます。壬申の乱もなければ、聖武天皇もでてこない。ご自身早世のつもりはなかったでしょう。即位二年目で、大津宮を手狭だとみて、日野川ぞいの蒲生野に都の下見にでかけている。

文化的には万葉の歌よりも漢詩の天下となっていたでしょう。

考古学では、これから判ってくる領域が実に広いそうである。小笠原好彦さんが論文で手をつけられた豪族の居館あとも、この十二、三年の間に全国で六十カ所またたく間に発掘されたそうだ。

1995・5・14

大巧は拙のごとし

滋賀大学教授　書家

池田哲也（若邨）さん

■いけだ・てつや
1937年（昭12）、大津市に生まれる。滋賀大学学芸学部卒業。膳所高校教諭を経て現在、滋賀大学教授。滋賀県書道協会参事。毎日書道展会員。滋賀県美術協会副理事長。大津市在住。

詩についての論評だけでなく、大岡信氏が例えば平安時代の三筆について、

「空海の字はときどき妖気が漂っていて、僕はよく分からない。素晴らしいものにも見えるけれど、なんだかつかみどころがない。橘逸勢の字はあまり残っていないけれど、純日本的な成長の仕方をしてきた人が立派な字を書いたという感じです。このなかでも嵯峨天皇の字は規模雄大で立派な字だと思います。あまりめんどうくさい格式にこだわらない。」(『あなたに語る日本文学史』)

などと記述しているのを読むと、よく、そんなジャンルにまで踏みこんで、キッタハッタをやるなと思ってしまうが、今京都の国立博物館では、空海の最澄に宛てた書簡を含めた、東寺の国宝展を終えたところである。その肉筆に接して感動なまなましい面持ちの池田哲也さんは、

「いやいや、それは空海の方が上ですわ。あらゆる書体を試みた方だから、なかには怪しいと思われるものもあるかもしれませんが、真率な最澄への書簡などは、まともまとも、りっぱなものです。嵯峨天皇の書はそれにくらべれば、どれもこれも一色の感じを拭えませんな」

と、さすが閲歴をふまえた断言をされる。閲歴のひとつは、滋賀県書道協会の月刊誌「書朋」をひもといてみればいい。巻頭の見開き二ページは、「書苑探訪」という池田哲也さんの担当で、この五月号で一四五回目を勤めておられる。

今回は、京都国立博物館から、「本阿弥切」(ほんなみぎれ)を採ると、これは本阿

弥光悦の愛蔵した名筆。池田さんの批評の文といえば、

「一字一センチに満たない小さい字ながら抑揚のある運筆で、リズムが実に心地よい。かなりの濃墨で書かれていて渇筆も多用されている。潤渇がみごとに融けあっている」という具合である。

写真が添えられているので、かなの運筆の違いは判るが、素読もままならぬ私には、どの書にも適用されそうな評にも思える。

今回おたずねして何より驚いたのは、いくつかの表装された展示のある部屋ではなく、壁に一文字とてない、二階の道場に通されたことであった。

号を若邨（じゃくそん）、池田若邨師にであうということは、運筆そのものにであうということと、師はうけとめて下さっていた。昭和十二年生まれ、長身、ずい分お若く感じられる。

『池田哲也作品集』をみせて下さる。昭和五十五年刊（一九八〇）。小学校二年生からの書が収まっている。十歳の時から、三原研田先生に師事とある。書は天稟のものと解して遠ざかってきたが、これはまさしくその証である。あらゆる書体に挑んでおられる。白楽天の詩。杜甫の詩。茂吉の詩。中野重治、小野十三郎の詩。石川丈山の詩。

なかに、「無窮」という二文字にであった。古隷、とりわけ漢代の瓦に用いられた文字で、質朴そのものの文字である。畳一枚の大きさに右から左へ、

「この字を書いてくださ い」

とお願いした。

まず、墨である。信楽で、ご自分で焼いてこられた水差しから硯に水を入れ、ゆったりとした表情ですりおろされる。墨は短縮されたものを長いのに継いである。ゆったりと長い顔容で時間を受けている。

「大学での授業や会議のことなど、わずらわしさはこれで飛びますな。この無心の間に充溢するなにかがあるんでしょう」

墨汁は何度か空けられ蓄えられていく。

作品集には、楷書の同じ字もある。この字も、やはり楷書の「意氣如雲」の四文字も好きだ。楷書の「無窮」には作品自註が付いていて「粗い太筆を押し立て、ジョリジョリと音を響かせ一気に書いた。めずらしく切りこみの強いものになった。上海で張猛龍碑の全拓を手に入れて悦に入る伏線とでもいうべき作品となった」

いいかな、この充溢。

やがて、太筆にたっぷり墨を含ませ、三層漉きの画仙紙のうえの空を領する胸となり、肩となった師が、流れに浮かぶ棒杭のような線を、横に三本縦に四本、それに無を宙に支える点を四点置いていく。

窮は庇の長い穴カンムリ。弓は口二つを上下にならべる。一字四秒か五秒。

「全身うっすらと汗を帯びますね」

筆をかえて、乙亥若邨と記される。

修業をかいまみたというか、武闘の傍に立ったというべきか、池田哲也さんは、漢字の誘いのなかに、まだ吸いこまれたままの感じがある。頼もしい。

この書を了えられたあとで、池田さんは、運筆のリズムと余白について語られた。それに好まれる言葉として、「大巧若拙」とも。大巧は拙のごとし。詩もまた。

1995・6・11

石の語るユーモア

石の彫刻家

西尾矩昌さん

■にしお・のりまさ
1946年（昭21）、信楽町に生まれる。京都市立芸術大学美術部彫刻科卒業。以来、数々の美術展、彫刻展に参加。個展も数多し。

昨年は地蔵彫りに忙殺されたといわれる。一体、一メートル三十～四十センチ、八十センチ幅のものが六体横にならび、それぞれ印を結んでおられる。八日市市法泉寺の増田洲明（くにあき）和尚のたっての依頼によるもので、はじめから境内におさまる規模のものではなかった。光背から地蔵を浮かせる深彫りによるものでその荘厳さは写真でもわかる。一度、茗荷村の障害児の死者のために彫った小さな地蔵に、増田和尚が感動されて、この依頼となったものである。

「カタどおり、精進潔斎して石に真向ったんですわ。彫れない。彫れません。人間くささをはらってしまうとダメですね。俗なるわれが、俗まみれのなかから刀を打ちこむ、そういう没入であらわれてくる地蔵菩薩をみながら、相互の呼吸が判る気がしましたね。円空もかくありしか、とかね。粘土をこねて顔を入れる時は、気持を洗わないとだめですが。石には生身の没入あるのみです」

西尾矩昌さんは、由緒正しい陶芸家の出自である。兄さんが十五代目を継いでおられるが、矩昌さんも信楽陶磁器研究会の会長として、量産マシーンなどで見失われがちな手仕事の技術の維持につとめておられる。

家業を継ぐ道ももちろんあった、が結局は膳所高校から京都市立美大（現・芸大）の彫刻科にすすんだ。師にめぐまれた。辻普堂先生、堀内正和先生。辻普堂先生にいわれて、イサム・野口氏についたこともある。注意して聞いていたが、師や他のアーティストについて語るときに自然な敬虔さがあらわれていた。

いつも思うことだが、人と出会うことが遅すぎたということである。写真で仕事のひとつひとつを駆足で説明されても、追いつけない恨みがのこる。何といっても、石には触れるか、撫でるか、抱くか、五トンの作品がざらにあるという量感にもたれるかぐらいはしてみたいものだ。

ただ西尾矩昌さんのもつ、とてつもないユーモアは写真のあれこれから伝わってきた。今の西尾作品のメインタイトルは「空(くう)より空(そら)へ」となっている。置いてある石にとりつけられた太い鎖が、くねくねと宙に浮きあがり、その上に別の頑丈な四角い石が引力から見離されて風船のように停止している。大岩を空中に描いたルネ・マグリットの絵を連想させたが、この作品ができた時に、即応してこのタイトルができあがったそうである。「から」とも「むなしい」とも「あける」とも読める無用感覚から、仏教のもつ深甚な観念世界までを包括する「空」の文字と、文字通り重厚な石の対比には、理屈はいらない。

第二回京都彫刻美術展(七七年)に出品された作品は、河原でひろった平凡な石とならべて、そっくりに彫り上げた黒白の大理石である。審査員のひとりが、黒い作品だけ置かれているのを見て、

「おい、西尾、河原から拾ってきた石を出してどうするんじゃい」

と一喝された。

矩昌さんは、「勝った!」と思わずにんまりされた。

堀内正和教授の選後の感想は、まさしく、この弟子にしてこの師あり。〈何という空しい努力。でも、その徒労の楽しさよ。この大理石製石ころを、どこかの河原にそっと転がしておけばこの愉しみは完成する〉

瓦のような石の一部がもりあがっているのに、「グッド・モーニング」と題されているのを見て、ああ、朝のボッキか、と気がついた者は、声をあげて笑うだろう。石が、ハムの垂れかたで右肩を切りおろされたり、紙袋やティッシュペーパーの箱だと思って持ちあげたら、ずしんと重かったり、ついには液体に擬せられたりする。

鉄の部分を石にかえた大きな鉞（まさかり）もある。土に打ちこまれた軽妙な角度のまま、京北町京都府立ゼミナールハウスのモニュメントになっている。総じて西尾作品は、はじめからモニュメントとして作られたものは少なく、面白がって買われた作品が、モニュメントとなった場合が多い。非行や障害者の学校に数多く立ち入ってこられた西尾さんは、権威よりも、ユーモア不足を実感してこられたことだろう。今も週に一度友人の経営する病院で、デイケアにでかけておられる。いじめや非行の情操教育には、権威のモニュメントよりは、断然ユーモアのモニュメントだ。

西尾作品は、ステンレス、プラスチック、アクリル、ガラスなど素材のはばが広いが、何といっても石に対する信頼度が強い。地下のマグマが冷えるとき、層になって冷える石は、その割れる目で人間の接近を許してきたが、人間の限界をこえた、自然そのものとして、強さやシャーマニズム的な魅惑には、ふるえのくるものがあるようだ。

1995・7・9

土にうもれて光る糞

浄土宗鹿薗山法泉寺住職

増田洲明さん

■ますだ・くにあき（号　鳴石）
1946年（昭和21）、八日市市に生まれる。仏教大学卒業。教護院・淡海学園、精神薄弱者更正施設・しゃくなげ園勤務ののち、法泉寺住職。「土と汗の会」主催。滋賀県書展会員。書塾「てらこや」塾長

おあいしたあと、こんな坊さんがいるのかな、という思いがだんだん深まっている。一見、いわば酒好きの、話好きのおっさんなのだ。だが酒盃を手にする卓の背後の壁ぎわには、大小いっぱいの筆がさがっている。その筆をつかって書かれた作品集が、ぶっつけ本番の形で、大判の本になって四冊積んである。のぞかせてもらうと、これが、檀家の信者に対する訓話というよりもわが肺腑をえぐろうという箴言集なのだ。

うまいもんは生きてるうちにと
餓鬼の声

しくじるたびに目があく

長いものにはまかれるな

三日坊主でもよい

衣を着ているると檀家のある婆さんがええ坊さんやというてくれます

大判の書なので、書き写したりコピーをとるのは大仰で、朗読していただいて、テープにおさめた。庭から涼風とともに、樹幹にひたと身を押しつけた蝉の声が、切ない伴奏でべったりテープを舐めている。時々苦笑まじりの和尚の合の手がはいる。

昔大人が子どもらに　川で小便したら　水神さんが罰をあてらるぞ　と教えた頃の川の水は美しかった

「ショウベンやなく、ションベン、バツやなく、バチですな。

幼稚園の頃からお経は読みました。はじめは得意でね。でも小学生位から袈裟をつけた姿を見られるのがいやになったし、魚つかみなどの殺生や、少々のわるさ事は、寺の長男やいうんで、いろんな干渉をうけてましたな。よかれ、あしかれ」

増田洲明和尚は、仏教大学を卒業後、教護院・淡海学園の職員になる。全寮制で、夫人ともども寮に寝起きし、非行少年たちと体当たりの毎日だ。お父さんは、和尚が三十一歳の時に没した。おりから、村に滅多になかった死者が十一人もでた。葬儀にとりまぎれているうちに、淡海学園の責任がとれなくなった。車で通勤できる日野町の精神薄弱者更正施設・しゃくなげ園に職を移す。その間、田村一二先生の提唱される茗荷村運動に共鳴。助成金に万事頼るという依存感覚から、障害のある人も障害のない人も賢愚和楽の世界をもとにして自立の生活をまずうちたてようという万粒構想

だ。五十年や百年めあての計ではない。
　増田さんのなかに卒然と、本然の姿に戻ろう、本然の立場にたとうという動かしがたい思いが湧いた。法泉寺は弘安六年建立のものと伝えられている。天台宗から浄土宗に移ってからでも七百十年経つといわれる。村に四十軒、市に二十軒、市外に二十軒、八十軒の檀家しかない小規模の寺で障害を持つ二人の協力を得て「土と汗の会」をはじめた。共に暮らして、自然農法による農作業や、地元企業からの室内作業、草刈り業務、反故紙の再生化の手漉き作業（おわび紙と名づける）などなど。坊主だから書は否応なく、というよりのめりこむべき天稟にみちびかれたのだろう。県の美術展では特選入選の常連で師は小林鳴竹氏。書塾「てらこや」を開いている。
　好き勝手な気まま和尚の風評のなかに居座りながら、寺の本堂が役にたつならば、旧態然とした村の空気のよどみのなかに新しい空気を入れようといつも考えておられる。

私がじわじわと、こんな坊さんがいるのやろうか、と思えてきたのは、父僧といっしょで、高血圧で酒好きで、痩せないかんのに、と自嘲しながら盃をなめなめ、ある寺では寄席、ある寺では演奏会、座談会やパネルディスカッション、葬式ばかりじゃなく、人間を高める方向に解放されたら、文芸会館もいりまへんがな、と考えておられる日常である。

寄席は実現させた。栃の実茶屋の寄席を聞きにいった席での耳うちでひきつがれた。書画展で親しくなった鈴木靖将氏が一枚噛んでいる。「桂九雀と法泉寺寄席」と名づけて、年二回この秋四回目（十一月十二日、午後二時）を開く段取りになっている。

「ここらへんの若い人も、村おこしせないかん、とかは簡単にいうんですわ。何か拠点を作らないかんとはね。でも、村おこし、というからには、村がねとるさかい起こさないかんということですわな。要は、村に住んでる人を目ざめさせるとか、みずからすすんで目ざめるとかの内実があっての村おこしやから、別に新しい建物もいらん、金もいらんのですわ。

それがついつい物を優先してとりくむ癖がついとるもんやさかい……物はあとからついてくるいうことが、なかなか理解できなくて」

落語の発祥は、約三百五十年前、現在の京都新京極にある浄土宗西山派・誓願寺の、時の住職・安楽庵策伝上人のおとしばなしにあったとは、私には初の知識であった。

1995・10・8

みる・のむ・あそぶの誘い

「酒游舘」館主

西村一三さん

■にしむら・いちぞう
1933年（昭和８）、近江八幡市に生まれる。同志社大学経済学部卒業。西勝酒造株式会社社長。「酒游舘」館主

「ご存知のとおり、かつて、酒の小売りというのは、蔵もとから酒を仕入れて、これを酒飲みの好みに合わせて割り水をしていくんですな。それを入れる徳利を通い徳利というんです。小売りは割り水によって特徴をつけていきますが、蔵もとといっても、大量の腐造をだした時代もあり、浮き沈みも転業もありました。八代目の祖父が、明治二十六年現在地に、廃業した造り酒屋を買い入れ、念願の再興を成し遂げました。創業二百八十年十代目西村勝右衛門というところですが、八幡では三代目ということです」

割り水から何から、何ひとつ存じあげていることはない。通い徳利の実物は、なるほど祖父の代からのものであろう。見事な流し書きで「西勝酒店」と書かれている黒褐色の徳利。この類型は、丹下左膳の映画や、信楽の狸でおなじみだ。近江商人の町並みを誇らしげに往来していた時代が偲ばれる。

西勝酒造といえば、まだ耳になじめないが、蔵を改造した「酒游舘」といえば、その命名のひびきようからすぐに親しめた。それに、一九九三年一月十四日のオープニングパーティーには、既にこの欄で対談ずみのテンテコ楽団・河合正雄さんや陶芸家・中野亘さんの出演もあって誘われて出席した。冬期限定のにごり酒「風花」を、その芳醇さに惹かれて買い求めている。

いわば二度目の訪問だが、折からのギャラリーは、パッチワークの団体の展示会で、年輩のご婦人がたで大賑わいだった。この出入りの流れは一階サロンにも続いているので、飲食歓談の甲高い嬌声（失礼）がとび交っていた。私はひたすらテープの収録音を気づかっていたが、当主は写真で見る八代目の面影をうけついで、ノーブルな自然体の低い声音で話される。あとで聞けば、高音に紛れず収音されていた。

弱ったのは、自慢や主張でこちらを先導してくれる話し手ではないことだった。聞けば正確、簡潔に答がかえってくるだけで、見てくれ以上のことはないという調子だった。その通りのお人柄なのだろう。でもＪＣ（四十歳まで）の時代には、中心になって町づくりに情熱を傾けておられたことが〈「酒游館」建築顛末の記〉からも読みとれる。友人たちと外遊した感想のうち、

〈世界史の檜舞台で、一度は脚光をあびた国々の重要な文化の前では、日本の繁栄も薄っぺらなものに感じられ、完全に脱帽でした。当時ＪＣで町づくりに青くさい議論をしていた私たちはどこに行っても町の中心に、人々が気軽に集まるプラザがあるのを大変羨ましく思いました〉

〈かつて酒屋は文人墨客の集うサロンでもあったことを考え合わせると、こうした文化の拠点づくりも「先祖の手代」としての子孫のつとめかと考えています〉

これによると、「酒游館」は一気に今の規模になったのではないようである。ウィーン郊外の自家醸造のワインを飲ませる店を見習って、現在の二階サロンを造られたのは、「酒游館」に先だつ十五年ほど前のようで、大工からは、つぶして一から作った方がどんなに安上がりか、といわれたそうだ。古いものの良さや価値の判らない人

には止むを得ないだろうが。

古風な採光。階下とはうって変わった静謐な雰囲気。囲炉裏とその上にぶら下る自在鈎。これは和室。

それに二階と一階を結ぶ階段の調和。

屋外で写真を撮ったあと、もう一度請じ入れられた。

「ギャラリー使用の都度展示品を片づけねばなりませんので、資料館としては不充分ですが、多目的ホールとして使用するので止むを得ません。飲食文化の認識と同時に、新しい創造を考えていかねばならんと思っているんです」

やっと本論である。酒は元来土地の料理にあうべく研究されてきた。西勝酒造は、近江の酒米を使い、鈴鹿山脈に源を発する伏流水を仕込水としている。

料理・米・水の三項関係あっての酒である。

「ご試食ください」

長方皿に綺麗に並べられた丁字麩のカラシスミソ和え、紅殻で色づけされたコンニャク、ナマフの田楽に小アユなど、きき酒セット（千三百円）の肴である。

平成四年四月に酒の級別制度が廃止されたあと、消費者が自分の判断で酒を選ばねばならぬ機に応じて、当主はこのメニューを創案した。酒はひとつひとつ味のちがうものだ。プロのきき酒に迫ってみようじゃありませんか。こうじ蓋にのせられてきた蛇の目模様のきき猪口（じょく）。色、光沢、香りを判定しようとするもの。プロとちがうのは飲んで「のどごし」まで判定できる点で、五点、二合の酒が用意されている。最後は平安時代宮中で醸された製法を解明した貴醸酒で、これは黄金色を呈するため、ガラスの盃を用いる。女性の注文客が多いそうだ。

酒游には人生須臾（しゅゆ）の間という語呂合わせもあるようだが、まこと、邯鄲（かんたん）の枕の思い切実な昨今である。

1995・11・12

イヌワシの率いる自然！

動物写真家
須藤一成さん

■すどう・かずなり
1961年（昭36）、京都府夜久野町に生まれる。福知山高校卒業。イヌワシの羽ばたきもみせぬ豪快・華麗な飛翔に魅せられて動物写真家をこころざす。写真集『Golden Eagle』（1994・平凡社）。伊吹町在住

〈鳥だったらなあ！〉位のはかない願望だったら、誰でも持つだろう。私も、立原道造が少しきざにドイツ語でノートに書きつけた言葉をつぶやいていたことがある。二十歳代の結核療養所時代で、五十床ほどの大部屋の隅の壁には、鉛筆書きで、madmanなどという気のめいるような落書きがあったりした。

まだその頃、好青年・須藤一成さんは誕生していない。戦後の飢餓の時代を知らない。

一見して、勝野洋という俳優の、がっちりした風貌をもっている。中学校の時代から、スポーツは万能、野山を駆けまわり、動物・鳥類を追いまわって図鑑と照合した。京都の夜久野町で生まれ育った環境に従ったまでだといわれる。

だが、福知山高校を卒業する頃からが尋常でない。

「イヌワシとの決定的な出会いは、滋賀県の鈴鹿山中、一九七九年、吹く風が心地よい初秋のことだった」

十八歳の時だ。

そして今、私の手もとに一九九四年十二月初版の写真集『Golden Eagle イヌワシ』（平凡社刊）がある。十五年間定職につかず、進学もしなかった間の自由な持ち時間を賭けて、勝ちとった映像である。

巻頭の写真は、枯枝にとまっているイヌワシである。頭をめぐらせて後方をうかがっている。鋭い右眼と嘴（くちばし）が、広大な視野をわが領域とみなしている王者の偉容をそなえている。巻末は、同じ枯枝にとまっているもので、遠望する風景となっており、切れこんだ近くの谷間と、冠雪した鈴鹿の尾根がみえる。この二枚の写真をプロローグとエピローグにして、中は、飛翔、狩り、子育てなどペアのドラマがくりひろげられるのだが、いつものように予備知識なくうかがった私あいてに、須藤さんは、出版以来何度かくりかえされた内容を、闊達に話してくださった。一週間から十日の山ごもりの孤独行を重ねている人にしては、格別人ぎらいというのでもなさそうだ。

イヌワシとのであいは、写真集のおわりに「風の精に魅せられて」という、自筆の文でその詳細が語られているし、映像とあいまって、おのずから人を詩人的性格に仕上げるような経緯もみてとれた。ほとんど独学の（写真専門学校を半年で退学したという記録がある）写真もみごとなら、無駄な修飾語のない文章も簡潔明晰な美しさがある。

話を聞いているうちに「イヌワシが風景を率（ひき）いているんです」という言葉の印象が残っていた。あとでテープをさらってみたがでてこない。数分のであいのために重い機材をかかえて山あるきをした長い年月。「そこにイヌワシが現われると最高の景観だ。カメラのファインダーを通してみるよりも、自分の目で直接見るのが数倍はいい眺めである。こういうときに人間の目はうまくできていて、イヌワシの姿をズームアップしながらまわりの景色も見せてくれる。シャッターチャンスにカメラか

ら目を離して、肉眼で眺めている自分自身に気づいてハッとすることがある」という文と話の内容がからみあって私のなかでキャッチフレーズのような一行になったのだろう。

鈴鹿山脈を撮影フィールドにきめ、全国各地で新しく八ペアのイヌワシの営巣を発見し、行動が読めるようになって、テレビと映画のコーディネーターの役を依頼されるようになる。前者は、一九八五年の「我ら誇り高き鷲と鷹」。一年半を要した。後者は、長編記録映画「イヌワシ風の砦」（一九九一年群像舎作品）これは、七年を要している。イヌワシ研究会で合同調査に参加し、二度のコーディネーターを果たしたことは、そのかくれ小屋（ブラインド）体験を含めて、すごい、かけがえのない勉強になったのではなかろうか。「撮影可能な条件のいい巣が見つかるまでいくつもの巣を探した」という須藤一成さんの確固とした基準は、他のスタッフにも強く感じられたにちがいない。

訪問してみて初めて、(当然のことだと、すぐ気づいたが) 須藤さんには、華奢でかわいい奥さんがおられるのを見た。それだけではない。夫人明子さんは、大阪府立大学で獣医学を修め、そのキャンパスで、須藤一成写真展「飛翔イヌワシの四季」と「風の砦」上演を組みあわせ、須藤さんの講演コミで、そのプロモーターになっていらっしゃる。主催「野性動物研究会」というのも、明子さんが幹事の会であろう。それだけではない。今は住居の関係で、岐阜大学に移られ、研究生となっておられるが、イヌワシを含む猛禽類の体内に蓄積される農薬や鉛、水銀などの重金属を検査されている。すべて獲物を介したものだ。開発の波が自然林をどんどん狭めていく。須藤一成さんのフィールドでは、十年以上も雛を育てられないペアがみられるそうである。須藤一近い将来の絶滅が危惧されている。この若いカップルは共同して「イヌワシよ永遠なれ」と願う、いわばペアにむきあう地上のペアなのだ。

一成さんの話に雌のイヌワシのやさしさにふれたところがあった。

「抱卵の時、爪で卵を割らないように爪先を内に丸めるんですよ」

1995・12・10

作陶展ひとすじに道をひらく

陶芸家夫婦

浜秋 寛さん・和子さん

■はまあき・ひろし
1949年(昭24)、東京に生まれる。高校卒業後、諏訪蘇山先生門下として6年間、住み込み修業。陶芸家。

■はまあき・かずこ
1944年(昭19)、神戸に生まれる。多摩美大卒業後、諏訪蘇山先生の門下生となる。陶芸家。

　夫婦で東京・神戸・大阪・長浜・近江八幡・芦屋・岡山・奈良など、各地で作陶展をひらく。

鈴鹿山系のイヌワシを追跡する写真家・須藤一成さんからの対談のリレーは、安土町の陶芸家・浜秋和子さんであった。私は、知名度を二の次にして、個性的で尊敬できる人をお願いしているが、須藤さんは、長浜での秋浜さんの作陶展作品に一目惚れして、夫人と夫人の父親同伴で工房まで作品を求めにきたという、いわば、陶芸家と客とのかかわりであった。一目で買いたくなる、単純だが、大きな真実にふれた思いがした。それは、居間にある幾つかの作品を見た時、実感となった。先ず、洋風のアイデアであること。メルヘンの思いに誘われる抒情的な緻密な絵付。波型のふたのある砂糖壷。影のあらわれかたの美しい、多彩な造型のランプ。

その他、生活形態にともなうあらゆるもの、表札、レター入れ、鉢カバー、ポット、陶板等々その九十五％には絵付けをしている。

古風ないい方だが、こんなハイカラな陶芸品は見たことがない、と誰しも思うだろう。あとで納得したが、和子さんは、神戸の出身で、春陽会の画家の母をもち、多摩美大の油絵の出であった。いやいや、こんな経歴などあげてもらいたくはないだろう。とにかく、思わず手にとりたくなるほどかわいいのである。草花や動物が、レリーフようの凸凹をもち、リリカルな才気ある筆が軽妙にはしっている。速度のみえる運筆である。

それに、小さな紙片の値札が、私たちにも手が届きそうなほど安い。

「すこし余裕のある奥さん方に、作陶展ごとに買ってもらえる値段を考えて、それを通してきました。おかげでほとんど売れてしまうのですが、いつも、次の出品作品に追われて」

窯に入れるまえの作品を並べている工房に案内された時、ご主人浜秋寛さんにであった。リレーは夫人に宛てたものであったし、お訪ねするまでは、夫婦ともに陶芸家であるとは想像してもいなかった。むしろひとり身だと考えていた。写真も、夫人に集中して、もう一本は撮っている。

でも、その工房で、寛さんの皿一枚を見せられただけで、いかん、と思った。「民報」のカメラマンと、とっさの判断での切りかえの合図を交わして、おふたりを対象にすることにした。

寛さんの和食器の長方皿には、一目でみてとれる奥行があった。ねり込みという手法で、何層かの異なる粘土の階層を作り、それをスライスする形で皿にするのである。

「表面的に見れば」と、夫人は言われる。

「私の作品の方が手がかかっているようにみえますが、こちらの方が神経の疲れる作業なのです。失敗しやすく、窯の熱をあげたとき層のわかれ目が切れます。私にはこんな辛抱はできません」

幽玄といわれる妙味に近い。おいしい酒肴をすこし盛れば、もうそれだけで座に不足はなくなるだろう。

たいていの作陶展は、おふたり共同で、洋風・和風とはっきり別れるところが、会

場をゆたかにする。夫人の作品は優しさを誘うし、料理とともに焼物を楽しむ客は寛さんの器を愛用するそうである。とにかく売れるという実績において甲乙はない。

おふたりとも京都の青砡で高名な諏訪蘇山先生の門下である。和子さんは神戸からの通い、寛さんは六年間住み込みでお弟子であった。和子さんが出る頃寛さんが入門し、高校をでてからそのままになったそうである。

子どもができてのどかな安土町に住むようになってから、十七年経つ。二十一歳の息子は、東京に出て自立し、十九歳の娘は、アメリカのテキサス州の州立大学に入るべく寮生活をしている。それぞれ自立心を早くから持ったのは、よかれ悪しかれ、勤めをもたず功名心に走らずにきた親のせいでしょうね、といいかわしながらほっとされている。同業で、思いやりがあって、あいてを立てている雰囲気というのはこんなにいいものかと思う。

「二人だったから、ここまでこれたのね」というのは、五歳年上の夫人。

「私には彼女のマネはできません。絵の才能は子どもの頃からの絵を楽しむ環境と不可分のものです」という夫君。

夫婦にとって危うかったのは、磁器の修業の門下生時代、京都独特の空気の流通のわるい工房での名残りで、寛さんが軽い塵肺にかかったことだ。乾いてから削って仕上げる磁器は、石の微粉末を吸いこむことになる。移住してからの安土では、早朝のいい空気とつきあうために、新聞配達をつづけて磁器から土器に転じたそうである。

「諏訪先生の門下として出入りする兄弟弟子は、入れかわりたちかわりさまざまでしたが、問屋を通じて生活費をかせぐのが、どんなに苦しいかは、よくいわれたことです」

私にはこの夫婦が、難きを避け易きについたとは決して思わない。栄光にみちた経歴文をそえなくても、即座に売り切れ、次の展示会を心待ちにされることは、買いびかえの世相での最高の批評であるから。

1996・1・14

夢の構築

銅板の造形作家

平良一巳さん

■たいら・かずみ
1953年（昭28）宮崎県に生まれる。1976年（昭51）、東京で工房「佐波理」を設立。千葉を経て、1990年（平2）に山東町に移住。各地で個展をはじめる。各地からの要請により、造形作品、モニュメント作品多数。

壁に三角柱を張りつけたような突起があって、側面はガラスである。その三角屋根に、ぽつんと腰をおろしている人形がいる。羽根をつけている。男の妖精らしい。目についた人なら、いぶかしげに何度も見あげるだろう。無愛想にひき結んだ唇やぽこっとつきでた鼻や、穴ぼこの目も何となく判るかもしれない。手を引いて連れてきた子どもに、「ほら、あれ」とうながすことは間違いない。いや子どものみつける方が先か。

この場所が、東京の都市住宅公団のなかのひとつだと聞いて、うまいな、と思った。作者の平良一巳さんが、「誰もいない時間帯にふっと降りてきた、という設定なんです。同じような建物の区画のなかで歩いている子どもの気持がほぐれるように」といわれるのを聞いてもう一度うなづく。

二、三歳の子ども位の大きさだが、細部はなかなかこまかい。帽子からあふれる髪は額や肩に垂れ、半ズボン姿で、胸には紐かがりをしたチョッキを着ている。片あしは、両手でかかえこんで、もう一方は、垂らしている。先のとがったフェアリー（妖精）特有の靴。人形は緑がかっており、羽根は土色で芯の糸が走っていて、薄く透きとおるようだ。人間のようでありながら異和がある。象徴のきわどさ。

これは借りて帰った一枚の写真だ。一九九〇年、滋賀県に移った頃の作品のようだから、東京、千葉と工房を移しながら代表的なパターンを求めていた結実のひとつだろうか。

銅の作家と聞いただけで、雪ののこる山東町まで押しかけていった。「佐波理」と表札のある露地の奥の工房は、ぴしゃりと閉じれば、目も蓋もない籠もり部屋のようにみえる。事実、大雪だった二日前には、この露地は両側の屋根からのはさみ撃ちで閉ざされてしまったらしい。ひげだらけの熊男という風貌の平良一巳さんは、「一日、雪かきでしたよ。雪かきの道具もいろいろ揃えましてね」と笑った。目が涼しいし、声が優しい。

工房に入ると、周囲ぐるりと工具である。炉、バーナー、万力、各種各様の木槌、金槌、タガネ、大小さまざまな鉄球、銅板を切るハサミ、ガスの切断機、電気のプラズマによる切断機等々。

作りかけの人形がある。工房に足を踏み入れたとたんに人形の顔の講義が始まった。たぶん平良さんも、日本に三、四人しかいまいと思われる銅の造形作家の、未開拓な核心の部分を一気に語りたかったのだろう。板を球形にするには、内外から火で熱し、柔らかくしてから鉄球にかぶせて打っていく。ただ顔面の工作が難しい。鼻を高く盛りあげるには、肉を厚くするように寄せて打たなければならないし、ある段階からは、松やにを油で適当な固さにしておいて、裏打ちしてから細工にかかる。目にいたっては彫金の仕事である。タガネに神経を集中する。なるほど、作りかけの面には、目や口にいろんな表情がある。遠視用のもの、近接に耐えられるもの。

弟子を養成して、作る期間をちぢめたいが、手直しや失敗を入れると結局ひとりの作業に戻ってしまうということである。作業期間は一カ月、二カ月……半年ばかり予

約の過程のものもある。
誰しも平良一巳さんが、坦々とした恵まれた道を踏んできたとは思わないだろう。滋賀県にもいくつかあるモニュメント作品を要請されるまでには、さまざまな不信感も渦まいたことだろう。
宮崎県出身。独学でここまできた。ジュエリーなどの彫金から、さまざまな金属を扱い、銅に固着した。イギリスやフィンランド等に発する妖精たちに、制作の端緒が動いたのは、水辺や森の環境に調和するものを、という渇望が、平良さんの本然のものと気づいたからだろう。アイデアに淀みがくれば、煙草ばかりふかしている座を蹴って、近くの森を歩いてくるという。妖精がいそうだ、という環境からの思いこみは、ずい分平良さんの発想を助けたそうである。

借りてきた別の写真、北海道のファンタジードーム内に設置されたという「ピーターパン」（身長約一五十センチ）はその一例だろう。小躍りの姿態で右手足を宙に浮かせその掌には、羽根を大きくひらいた小さな妖精が立っている。その他ランプをもつ森の妖精や楽器をもつ妖精、木こりなど顔つきもさまざま。

竜王町の「龍」三体、南郷洗堰にあるキャラクター「ビワズ」（ビワコオオナマズ）、蒲生町川合橋北詰めの「夢の構築」、長浜市省資源実践館エコハウスのモニュメント「自然の砦」、国友町のモニュメント「国友の知恵」など、平良さんの作品につきあった人もすでにおられようし、これからはひろがる一方だ。

いま近江八幡市からの要請で、賀茂神社の祭事「走馬祭」（そうめまつり）の等身大の馬と人の像にかかろうとされている。期限は三月末。仮の工房も必要である。平良さん四十二歳。芸術的要請は、決して等身大には迫ってこない。まさに夢の構築をかざして走ってきた。

１９９６・２・11

ハゼ蝋の手ざわりの魅惑

和蝋燭職人

大西明弘さん

■おおにし・あきひろ
1952年（昭27)、滋賀県今津町に生まれる。高島高校卒業後、上京。３年後、帰郷して家業につく。有限会社　大與代表。

一人前になるには、三年。

三年では、条件がそろえば何とかできるが、暑いとき、寒いとき、湿度の多いとき、乾燥しているとき、また、蝋の温度、その時の体調など条件が変わったとき、どう処理していいか解らない。

やはり十年かかる。（蝋燭職人の話）

二月三日、折悪しく吹雪の日になった。湖西線に乗るのに長靴をはくのは珍しいが、ここまで辿ってくれば正解である。今津駅のまわりに水のあふれだしている区画をぬける。しゃれたのれんのろうそくがかかっていて、思わず見上げたくなる。

建築して間がないそうだ。ちらっとだが耳にとらえたのは、うまい時には調子がのる、という言葉だった。建物をみても、「蝋燭物語」というしゃれたパンフレットを発行されているのをみても、やっとひと肩こえたという勢いがあるのではなかろうか。それに兵庫と名古屋の友人とある会社を通じて共同開発していた蝋が、三年がかりで製品化にふみだして二年だという。

大西明弘さんは「大與」すなわちおじいさんのお名前「大西與三郎」を店の商標にしておられる。おじいさんは、だめや、とか、まあまあ、とかいう一言居士らしかったけれども八十歳から九十歳まで、きっちり指導された。たいていなら烏有に帰しても仕方ないところだ。

ハゼ蝋（櫨蝋）を鉄鍋に入れて溶かし、いぐさの繊維でできた芯のまわりに蝋をつけていく、という工程は、江戸時代の伝来を読んでも、そんなに短縮されたわけでもないし、日本のハゼ蝋はますます高価だ。九州の主要産地の噴火や台風の被害も伝わっている。だが、明弘さんの話を聞いていて、「京都の職人とは、一まわりちがうな」と、思わざるを得なかった。

大西さんはおじいさんの肩ごしに、常に家業の遠くをみていたのだろう。とうとう長寿の寿命尽き、お別れという前日、大阪の弟さんを迎えに行かれたとき、ちょうど売りだされたばかりの新製品というのでグラスファイバーやプラスチックの大阪の見本市会場に出くわす機会があった。釣具の穂先見本展である。

昔からの蝋の芯は細い竹に通すのだが、竹が折れたり曲がったり、一定の管でないことは自然物である以上仕方ない。しかも竹はグラスファイバーの三倍の値である。葬のことで、おじいさんと、大阪という土地と、グラスファイバーが結びついたという、三題噺のまとまりのようだが、奇縁で大西明弘さんが、和蝋燭づくりの根幹のところに、こういう新工夫をいれた経緯がおもしろい。

なるほどリールの先につける釣具だったら、激しい動きに耐え、潮水をくぐり、おあつらえむきに管もついている。特許権は釣具商の方だから、「よく利用されたでしょう。そういう名案ほっとく手はないもの」というと、「私の方は使っていますが、すべて旧弊で秘密主義で、私たちに耳をかそうとはしませんからね。この間ひとり教

えてあげましたけれど、私は因循姑息がきらいな方なんで、裸でうちとけあって話したらカラっとしますがねえ。

もっともウチもはじめは京都の下請けでした。京都はコワイ思てました。すぐシガケンのイナカモンいわれてね。でも知ってきたら怖くはなくなりました。

ハゼ蝋が入手しにくいので、中国うるしとまぜて凌ごうという人が多いんです。でも流れるし、においがちがう。マゼもんしたら、ハゼ蝋をおとしめるだけです」

ハゼの赤いローソクとJPXの白いローソクに火をつける。表を見て、読みあげる。

「八十エンと二百二十エン。三倍そこそこでしょう。原料の違いです。どうです。でも燃焼がキレイでしょ。油煙の状態をみて、人工的にハゼ蝋を作りだそうと考え努力して、一九九二年十二月に、ＪＰＸ７２４のネーミングで一応製品化した七二四番目の製品です。これで楽になりました。こちらは鉱物性です。一度火をつけてためしてみたら判ることだけれども、意地にもためそうとしません。ひたすら偏見にまみれている。これで私は一般の当用のローソクはこの材質にまかせて、型ドリ生産をします」

厳重にいえば職人はひとりである。わが子が嗣いでくれるかどうかは判らない。大西明弘。四十三歳。小学生坊主が休みの工場に卓球をしにきたがかえされた。慈愛の笑顔。

「原料のサンプルは千種類もためしましたが、ハゼにまさるものはありません。ウチの和ローソクはハゼ一〇〇％。貴重なので、泡が混入しないよう、指で一本一本仕上げて、型ドリはしません。うるし蝋はべたべたして気持がはずみませんね。それに比してハゼ蝋は、指をむかえられたようでうれしくなりますよ」

そういえば、仕事中の大西明弘さんは、かたづけるものをかたづけ、取るものを取って、ゆとりをもってハゼ蝋とむきあうそうである。待つひとを待つように。

１９９６・３・10

オリジナリティへの機縁

近江扇子「幸扇堂」代表

井上幸男さん

■いのうえ・ゆきお
1943年（昭18）、安曇川町に生まれる。扇骨職人として運命づけられた生いたちを経て、現在、近江扇子「幸扇堂」代表。近江図柄の扇子店は初めて。

〈幕末の頃西万木（にしゆるぎ）に生まれた井保久吉は、名古屋より、進んだ扇骨加工技術を学んで帰り、その甥、井保寿太郎が広く、京都、大阪へ販路を開拓し、又扇子を遠く欧州諸国へ輸出し、扇骨産地としての形態をととのえた〉

とあるのは、井上幸男さんの店「幸扇堂」の店頭におかれた印刷物「近江扇子」の一部である。別の案内本によれば、その後、寿太郎は倒産、扇骨の生産に戻り、扇骨業の隆盛を招いた、とある。

安曇川町西万木、その一隅の土地を入手して、狭い店ながら華やかに扇子を並べているここ「幸扇堂」から六軒長屋の場所が、寿太郎さんの職人養成の場であったそうだ。井上幸男さんは、まさしく、職人の子として、この場に生まれおち十五歳の時から職人として育った。

寿太郎さんは一八七七〜一九五〇年の人である。一九一九年（大正八）の日英博覧会の扇子出品などの栄を、幸男さんのお父さんは聞きながら職人手腕に磨きをかけていたものであろう。

「おとうさんは、まだ現役のパリパリですか。さぞ、いい腕でしょう」

「もう七十すぎで、目など弱くなっていますわな。五十代の頃一番腕が立ってたんとちゃいますか」

どだい扇骨づくりの作業は、繊細きわまりない。割り竹を仲骨と親骨に分けて細密な過程を経なければならない。かつては一貫作業を指導する目で育てられたが、今は

一軒一軒それぞれの分業のなかで、分業特有の機械を専有する。
安曇川町の扇骨は日本全国の九十%をしめるといわれる。扇骨専門に限定されていて、仲買人を経て、主に京都の問屋に流れるのであった。
挫折したとはいえ、かつての寿太郎さんの栄光を考えない人はいなかったであろう。ただ扇子は季節商品だから、販売期までのストックの資金を要し、完成品生産に踏み切れば、一挙に多額の運転資金が必要である。

「若い連中で集まって、二十年位言いあってきたんですがね、意気地がないんですわ」

井上さんが扇子屋にふみきろうと思ったのは九年前位からである。折から県の企画になる、東京高島屋での「近江展」があった。工芸部門の参加は二十店舗ほど。他は食品店。

そこで機縁が生まれた。

大津絵の絵師・高橋松山さんが、ギャラリーをひらいておられたのである。松山さんに聞いてみると、井上さんはひたすら感嘆して、まじまじと筆づかいを見ていたそうだ。京都扇子にない主題、かつてなかった近江特有の主題、職人を通過して商人に転換しようとする井上幸男さんの脳裡に、この大津絵はそのまま扇面の図柄とうつっていたにちがいない。

幸男さんは、「近江展」にそなえて、日ごろ昵懇の職人さんの分業作業を写真に収め、扇骨から扇子までの工程を図解した。京都扇子にない強みとしては、仲骨八枚親骨二枚の十間（けん）の舞扇（まいせん）から、四十五間の実用扇まで、その工程の必要不可欠性を客に説明できること、それはおのずから商品への自信につながることになった。

「紙の貼り方は京都に負けますわな。そりゃ仕方おへん。けんど、わしが、こんなちっちゃな店を構えて、本格的に乗りだしたのは、ここ二、三年やもん。今五十三歳。ベテランといわれる職人かて六十〜七十歳や。わけ知りの中高年の人間が踏んばって、郷土的なものを根に将来の展望を図らにゃ、どうなりますねん。今、大津絵の藤娘や雷公の絵柄が十六種位。中江藤樹先生、琵琶湖八景、琵琶湖周航などの絵柄を入れて三十種位ありますかな。わしは芸術家やない。センスも劣る。東京のデザイナーに依頼もしとる。けど、古典からの流れをどう変えるか、横の流れを縦の機軸にどう仕組めるか、などいつも考えんならんとこや。金もうけひとすじとは思ってまへん」

大津絵の扇子は、滋賀県市長会会長賞を受けた。さらにその絵柄を白抜きにした藍染めの扇子と同柄のハンカチをセットにしたアイデアは知事賞になった。評判が高まって、今年の滋賀県版お年玉つき年賀状二百二十万枚の図柄に、その近江扇子が採用されるまでに至った。

店にいる間も多忙である。老人クラブ用の扇子を受け取りにくる人。土産物店の女主人の卸値の交渉客。「ちょっと小便に」と二軒先の自宅まで。

その間、検品をしている夫人が相手になってくれる。私生活の奥のみえる内容だ。「私、農家から嫁に来たんです。仲骨(へギ)を銑引きにしたのを、三日から一週間水オケに漬けたところから、おもてうらに分けて、色の濃い順に並べていくんですわ。これができんと先に進めん言われてね。目と指の作業です。アカギレはできるし竹から油をとられる思いで泣きました。扇子いうたらきれいなもんや思てたら部屋中ほこりだらけ。へギの合しは、女仕事です。

静かでもありません。骨を重ねて、ばしばし打つ工程もあります。凄い音です。うちの人それで少し耳が遠くなっています」

竹のうらおもてなど製品になってからでも、私などには見分けのつかぬことだ。声が大きくて、応答の大ざっぱな幸男さんのわけは納得いったが、ずいぶん細やかな夫人の内助あってのこれまでであり、これからだなと心底思える稼業であった。

1996・4・21

戸外は私のアトリエです

スケッチ画家
福山聖子さん

■ふくやま・しょうこ
1964年（昭39）、京都に生まれる。嵯峨美術短期大学洋画科卒業。朝日新聞「ふれあいネットワーク」挿絵執筆中。『湖国と文化』に「湖国とまちなみ」絵と文執筆中。

四月十八日の朝日新聞の滋賀版「ふれあいネットワーク」には福山聖子さんのスケッチ「午の神事（大津市坂本）」が載っていた。御輿をかついだ男衆を背後から描いているものであった。一瞬一瞬揺動するこのリズムをとらえるものは本来ならカメラの使命だろう。民家のスケッチの多い福山さんにとってのこの絵は、自分を停滞させないための挑戦に思えてほほえましかった。

四月初めにお逢いするのに指定された場所が幻住庵だった。私は八年前に新聞の随筆記事の要で訪れたことがある。今は少し右足をひきずっているので、「翠微に登る事三曲二百歩」という幻住庵記の出だしにある急坂が、すぐ頭をかすめたが、壁は落ち狐や狸のねぐらだった往時は知らず、八年前の古風さもすっかり改築されたという報道も気になっていたので、いそいそと出むいた。予想にまさる建物に迎えられ、拝観料もなく、青畳の上に招じ入れられて、番役の婦人に茶をふるまわれたが、今はそれを書く場ではない。ただまっ暗な穴ぐらだった厠が水洗トイレにかわる変化だけは、当然と思いながら胸をつかれるところもあった。

ここは福山聖子さんの小学校時代の遊び場だったそうである。蟻地獄を見るのに熱中していたという。涼しい声だ。電話でも録音テープのなかでもそう感じた。

一九六四年京都に生まれて、四歳の年に、この土地に移る。その頃死別した父方の祖父は、画家で、武者絵などの歴史画を画く人であった。遺伝の筋をいうなら、ここらあたりか。大津高校の学生時代には、天文・美術のクラブで活躍し、嵯峨美術短大洋画科をすんなり卒業する。それほど起伏のある出発ではなかった。いったんは就職したが、やめて家に戻った時、アルバイトで大津の歴史博物館に務めた。才にまかせて展示イラストをひきうけるようになったのが、その後の運命を自分にも他人にも納得させるようになる。

朝日新聞をとっている県下の人は、滋賀版の読者投稿欄が、一九九二年四月から「ふれあいネットワーク」というかこみになり、その中に九×八センチに縮小された県下の街かどや行事などのスケッチが登場したことにお気づきだろう。目をみはっていなくても、サブリミナル効果のようなものが働いて、それが繊細明確な線と墨の濃淡で画かれていること、視点の位置が工夫されていること、画かれた場所、え・福山聖子、という名前あたりをさっと見届けて大きく目を移すのではなかろうか。

福山さん自身も新聞の伝達力の速さと大きさにびっくりされているが、平成六年秋号から『湖国と文化』が、スケッチにともなう文も含めて連載を求めた。勢いというものだろう。彼女も一歩もひかず、というより、ふみこんでこれを受けた気配がある。第一回は、幻住庵の芭蕉が鳥居川の門人宅へ風呂を貰いに通ったことから、今呼びならわされている風呂街道（彼女にとっては通学路）の絵と義仲寺あたりの風景だ。それが最近の六、七回目になると受けもちが二ページから四ページに増え絵も五、六枚でひとつの町をひろっている。文章も車にのった速さではなく、歩いては立ちどまり、まちかどから見通しては、軒さきを、ためつすがめつという按配で、うまく絵に添っ

ている。
『滋賀の民家』で故西山夘三さんが闊達自在なスケッチの力をまとめて発表されたのは、一九九一年、著者八十歳の時だった。福山聖子さんは、はじめこの大先達のこの著書を知らなかったらしい。同じ滋賀県のことだから木造の民家を愛する五十歳へだてたこの二人が、同じ場所に目をひきつけられるのは不思議ではあるまい。
「五個荘町金堂にスケッチに行った時ですが、小路から見上げてへばりつく感じで画いた土蔵があるんです。私はいつも、この角度しかないと狙いをつけて、そこで五、六時間ねばるのが常ですが、こんな苦しい角度で画く人などいまいと思っていました。

本屋さんの店頭だったか、図書館だったか、西山先生の『滋賀の民家』をみつけて、私のとらえた仰角がそのままあるのにはたまげました。言いわけしても無駄だと思いながら先生にお手紙をだして、〈知りませんでした。決してマネをする意図はなかったんです〉とおことわりをしたんです」

「気にするな、とはげましてくれたんじゃない」

「いいえ、お身体の具合がわるくて、それどころじゃなかったようです。お返事はいただけましたが、それには触れておられません」

西山さんのその絵は（九一・四・一四）の日付があり、民家研究の秦斗らしい筆がそえてある。（土蔵の腰は節目が模様のように見える焼いた船板を使っているが、西側の土蔵は瓦の海鼠（なまこ）張りである。土台は入念な細工のみかげ石を廻し、床下の風抜きも引き戸をたて、……）

きっと入念に目で見極めた上、そのアングルでカメラに収めて帰られたものだろう。

1996・5・12

武道の極の心境は無！

日本前装銃射撃記録保持者

廣瀬一實さん

■ひろせ・かずみ
1941年（昭16）、長浜市国友町に生まれる。畳職のかたわら、国友鉄砲にひかれ、研究、射撃に専念する。

今年四月の長野県岡谷市の射場の、前装銃（火縄銃）古式射撃大会の場では異常な緊張感がただよっていた。侍筒（さむらいづつ）では無類のライバルといわれてきた岡山の常定正さんと長浜国友町の廣瀬一實さんは、胸当をつけ、袴をはいた正装で、十五間（約三十《メートル》）の距離から八寸ワクのなかの四寸（十二《センチ》）の黒マルの標的をたてつづけに四発打ち抜いたのである。自由スタイルだが、競技では一番大きい七～十《キロ》の重さの銃では膝うちにならざるをえない。弾は十八《ミリ》。十五分内に五発の持ち弾がある。それまで完璧であった。固唾をのんで見守るまわりの気配が二人に伝わるのは当然だろう。

五発目！

何と、二人とも不発である。プレッシャーとはかくも平等に働くものか。二人とも、手もとに火薬がある。入れ忘れている。

「あと何分残っている？」

「六分です」

「余興やがな」

廣瀬さんが口をはさんだ。

自分に言ったとしか思えない声音だ。苦笑のうちに二つの金具の輪をはずし、うしろのネジをほどいて弾をとりだす。改めて銃口から火薬を入れ、パッチにくるんだ弾を入れ、金属の棒で押し込める。

次の一瞬平常心にどんな揺らぎがあったか。常定さんは的を外した。廣瀬さんの直後の感慨は、次の言葉がよくそのリアリティを伝えている。

「あ、フレたか、と思うより速く弾は飛んでいました」

打ち抜いていた。新記録であった。

廣瀬一實さんは、平成六年六月神奈川県伊勢原市であったポルトガル大統領杯の日本選手権大会でも日本新記録をあげている。これはやはり侍筒によるものだが、同心円の標的を五十メートルの距離から撃ち、持ち弾十三発中、上位の十発の合計点を競うもので、これも今迄の記録保持者・常定正さんの八七点をこえる八八点だというから、常定氏とはまさしくしのぎを削りあってきた仲だといえる。

廣瀬さんは、畳職人である。訪ねたとき、戸を開いたひとりきりの職場で、幅広の包丁をといでいた。こういう職人には無言の威圧感がある。

だが話をうかがいはじめた時、職人にしばしばある意固地さは、まるでなかった。国友鉄砲の里資料館専門員であり、国友鉄砲研究会会長でもある。商売をはなれて一芸に達した人の会話の妙があった。

「話は長くなりますが、私の国友村に対する関心は、丁稚小僧として八日市で修業していた頃の、みんなの好奇心にそそられた所がありますね。ほう、国友鉄砲の里かい、と誰もが聞くんですわ」

昭和四十九年頃、といえば帰郷して十数年を経ているが、廣瀬さんは一挺の並筒

（なみづつ）を購入している。国友鉄砲のからくりを究明しようという研究心は当時からのものだろう。

昭和五十六年春、国友鉄砲研究会が五人で発足している。新聞に出ると、関心のある人の入会がふえた。まだ村おこし運動などという言葉もない時代で、個人負担ばかり多い会だったが、盛りあがり方はたいへんなもので、銃の買い戻し運動、手入れの研究、刊行物の発行等を、適材適所の働きで成し遂げている。昭和五十六年十月発行の「鉄砲の里・国友」というB5判のパンフレットは、廣瀬さんの、とことん解明してやろうという研究心の参与した、歴史物ばかりではない本である。バネやネジ、銃床、金具の細部まで目が配られている。現に廣瀬さんは二挺の銃床を復元された。

ついで保存会の盛りあがりようの極というべきエピソードがあった。長浜城歴史博物館がオープンする前夜ともいうべき昭和五十七年、種子島に行って

みないかという話がでた。長浜城の展示にもぐっと幅がでてくるだろう。とりあえず、ということで、二月、種子島の市役所に電話を入れてみた。それがどうあろうことか。むこうでの興奮の伝達度も黒色火薬のようであった。市をあげての大歓迎という返事になった。むこうも昭和五十八年資料館をオープンさせようという矢先であった。廣瀬さんは、受け皿が大きくなりすぎたのであわてて長浜の市役所にかけこんだ。ここも爆発した。市長も議長も県議も行くという。それで一般にも募集したら三十人集まった。当日は映画を上映され、報告会もかわされ、夜は大歓迎会だったという。

意外であったのは、廣瀬さんはここではじめて持参した火縄銃で、空砲を撃ったということである。時をおかずその月のうちに、茨城県の友人の指導を受け、実砲の段級試験に合格している。

火縄銃でも十匁筒といえば、八角の銃身はいかにもいかつい。その割に銃床は華奢である。頬付（ほおづけ）という撃ち方をはじめて聞いたのだが、反動を肩でうけるのではなく、頬から反らすのであった。

廣瀬さんの畳職は、息子さんに嗣ぐ気はなく既に勤めを得ているので、一代限りの予感がある。もっとも、その類の反動のそらし方に廣瀬さんのさしたる思い入れもない。

1996・6・9

工房から見える永遠

造形作家

茗荷恭介さん

■みょうが・きょうすけ
1950年(昭25)、鳥取市に生まれる。東京造形大学中退。在学中より井出則雄氏に師事。1981年(昭56)造形集団ノイハウス創設、1988年(昭63)東京より彦根市に工房移設。米原工芸研究所のメンバーとしても地域の街づくりに携わる。個展多数。

茗荷恭介さんの工房を一歩でると、とぎれなく車の疾走する道路をへだてて、全眺望琵琶湖である。目を屋内に転じると、部厚い鉄板の敷きつめられたふかい奥行のなかに、さまざまなおっかない工具がある。明治のおわりごろの建物で、昭和七・八年頃までは醤油の醸造をしていた所だそうで、比較的がらんと単純構造にみえるが、屈強な柱や壁に支えられ、まだ百年はもつといわれる。塩分のしみこみようは強烈で、FAXなどの文明の利器はすぐ故障する。

工房の入口に手入れの行きとどいた重いバイクがある。こういう乗り物の大切な扱い方は、持ち主の半生の来し方を、断面削いでみせてもらったような気になる。胸板の厚い作業着姿である。鉄板をがんがんやったり、鉄や非鉄の重い素材を持ちはこぶと、いやでもこんな体型になるという。不精ひげ、蓬髪、似合う！　似合う！　というしかない。声にオペラ歌手のような艶がある。二十歳代はジャズを好み内外の即興演奏家の紹介やコンサート企画にあけくれたといわれるから、多方面の適応性をもてあましながらここまできて、もっとも手ごわい素材に行きついて納得したという感じである。

学生時代に、井手則雄氏に師事したのが、今日につながっている。私は詩人として知っていた。京都に会いにまで来てくれた人だ。鉄の彫刻家だとは聞いていたが、六〇年代に北欧から学んできて、公園や遊園地にぶらんこやすべり台のついた遊具（プレイ・スカルプチャ）を設置するパイオニアだったとは知らなかった。反骨の人で、彫刻の本来的な無名性を唱えた人だという。若い純粋な造形家の卵がいつもとりまいていたが、茗荷さんもその一人だったといわれる。

そういう若い時に育まれた情操と反骨精神が、茗荷さんと森雅敏さんを結びつけていた。森雅敏さんとは一九九一年六月にこの欄で対談している。もうまる五年たっているが、そのさらに三年前に、茗荷さんは森さんの誘いに乗って彦根に来られていた。腕のいい、無欲な各種の作家を集め、米原工芸研究所を基盤として地域の街づくりに携わろうという、森さんの構想に賛同し、そのブレインとなっておられる。造形家の後輩にも声をかけた。

「私の工房をみて、東京あたりの造形家は驚くんですよ。どんなにがんがんやっても、文句がでませんからね。東京ではあとから来た住民の運動で追いだされるのが日常となってきました。ここは条件がよさそうだ、といってやってきた連中が、だまされたといって騒ぐんですがね。でも、山の中にでもこもるつもりで探さなけりゃね」

森さんや茗荷さんたちの仲間は「環琵琶湖作家」と呼びあっている。茗荷さん担当で五月のはじめに「環琵琶湖造形家会議展」を、森さん担当で六月十一日から「アトリエ『環琵琶湖』作品展」を、いずれも県立近代美術館ギャラリーでひらくまでに仲間の息があってきた。この作家たちに共通するのは、どこにも属さずどこにも勤めず、ということである。行政や大企業の庇護をうけず、それぞれが自立しているという集まりは、日本でも珍しいんです、といわれるのは実によくわかる。

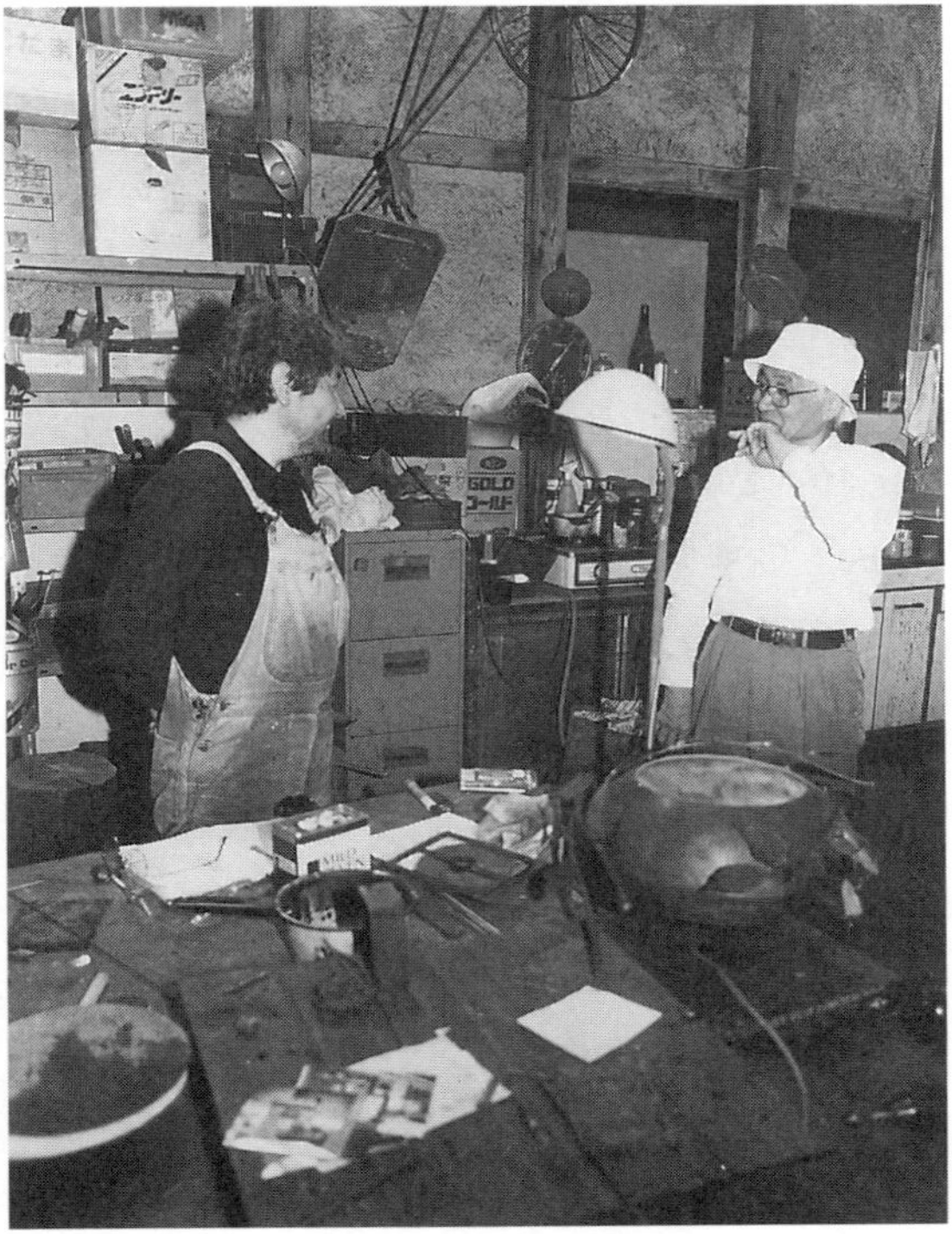

そのなかで、湖東町にはヘムスロイド村（スウェーデン語で、民芸、工芸の意）が具体化している。さらに今秋、浅井町鍛冶屋には、民家を改造して、環琵琶湖作家たちの作品常設ギャラリーが開設される。

茗荷さんは子どもさんの話をすると楽しそうだ。長男が一歳の誕生日にここに移ってきたから今九年目にかかるところです、といういい方。あ、この作品のバナナムーンという命名ね。子どもの幼稚園の歌からもらっちゃったんですよ。ほら、バナナン、バナナン、バーナーナ。

工房に残っている作品のなかに、大阪のＡＢＣギャラリーの個展にだされたものがあった。レリーフや和紙と鉄で作ったランプなどと一味ちがって、荒廃感のうかがえるものだ。琵琶湖畔に来られた当時の強烈な人生観へのショックがみえる。具象的に肉の流失した魚の骨がのっていて、あとはサビのふいた円盤が二枚でこぼこに叩かれて流木のようなもので、十数本刺し貫（ぬ）かれている。似たような作品数点の命名は詩的だ。「魚の日」「山椒魚の夢」「水の記憶」「空」「渚にて」等。

「ここへきてから、自宅から工房まで毎朝琵琶湖の渚を三十分ほどかけて歩いてきます。特に台風のあとなどには、舟板や、倒木、うろのある木などから、犬猫魚はもとより狸の死体まで流れつきます。水辺というのは、彼岸と此岸のであう場所ですね。そしてまた、永遠という次元へ消えていく」

物をつくること、そのなかで自己実現をはかるというのは、茗荷さんのいわれるように永遠から見られているようなものだ。最後に後輩に語ってきたという、茗荷さんのぴりっとした言葉をあげておこう。

「いい仕事をしようと思ったら、覚悟しておけよ。必ずつらい目にあう。ただ、迎合しようと思ったら、そのときから、いくらでもダラクできる」

1996・9・14

まっすぐにかかる大事

表具師

橋本嘉寛さん

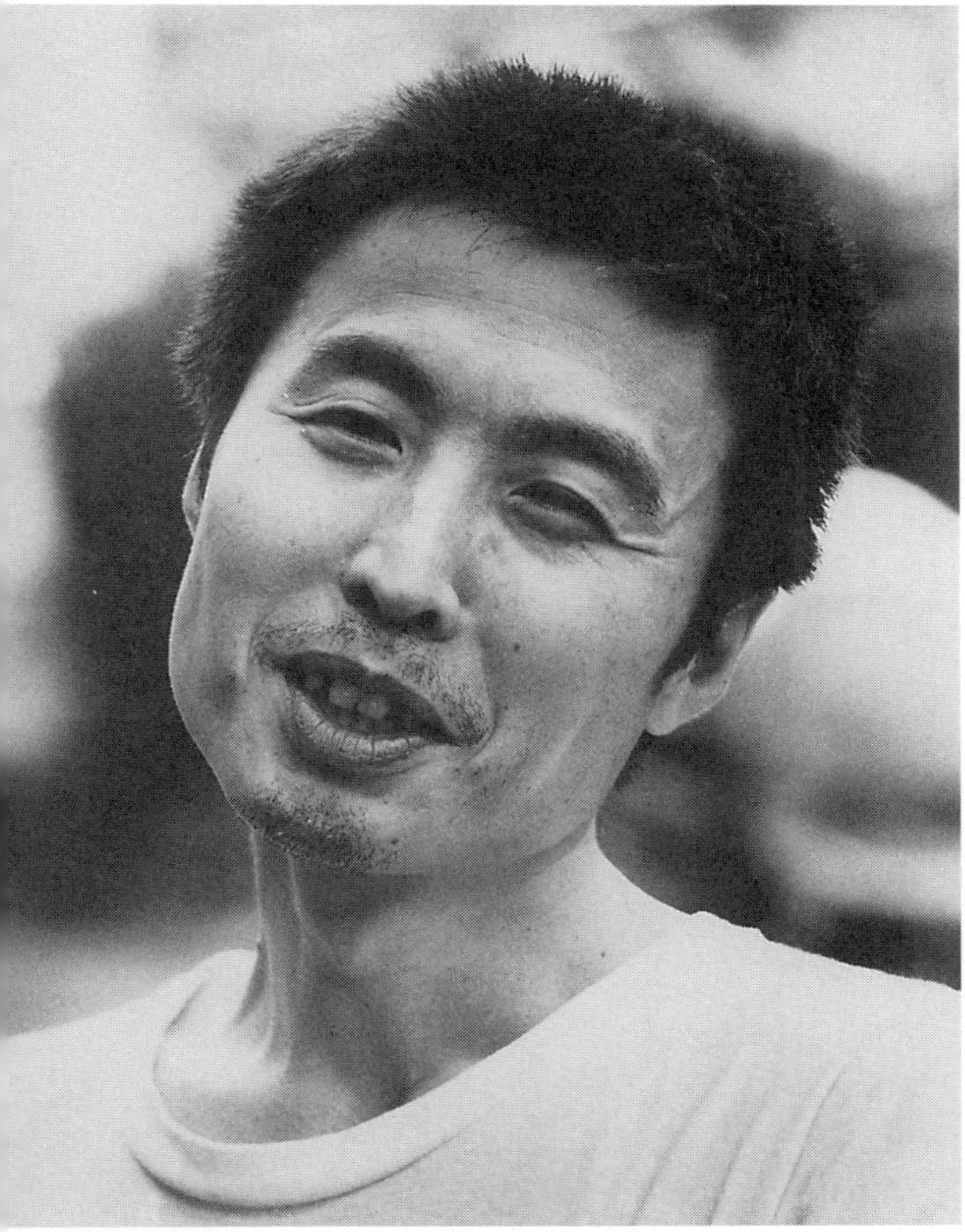

■はしもと・よしひろ
1953年(昭28)、犬上郡甲良町に生まれる。岐阜経済大学卒業。表具師。彦根真空管アンプ愛好会会員（仲間募集中）。

わたしの住んでいる町にもこういうお仕事の方は何人かおられる。たいていは瀟洒な玄関口の隣に、一・二幅の掛軸を展示したショー・ウインドーがある。家の見てくれが、技術の見てくれでありそうな、構えであるが、これにノリの小ざっぱりと効いた作務衣姿の当主があらわれれば、高価な書画をもちこむのには格好だろう。

電話でお住居のありかを聞いて、車で二回程廻ってみたが判らなかった。ある店先で、軒先に、きゅうりやトマトの、ささやかな園芸が、と聞いてたずねあてることができた。

すぐ細い急な階段である。「無用のものは見ないふりしてあがってください」

イージーパンツにTシャツをつけたラフなスタイルだ。寝起きのけじめらしいものもないが、こうして泳ぐように、絹や紙の世界と出入りしているのだ、と後で了解した。

何だか見おぼえのあるお顔のような気がしていた。細い鼻すじがきりっと通っていて、見事に鼻の形で終息している。ノーブルだ。人相見だったらここらに人格の淵や律を見るかもしれない。と思う間に、そう、長渕剛だと思った。

部屋のつきあたりにアンプ（手造りだそうである）が一対置かれていて、うぐいすなどの鳥の声が流れている。本来は接客などに神経を使われることもないのだろう。

「油絵を十年やっていました。十年やれば才能の見極めはつくものです。十五・六種類やったアルバイトのひとつに、古い作品を修復する、いまの仕事のヒントになる

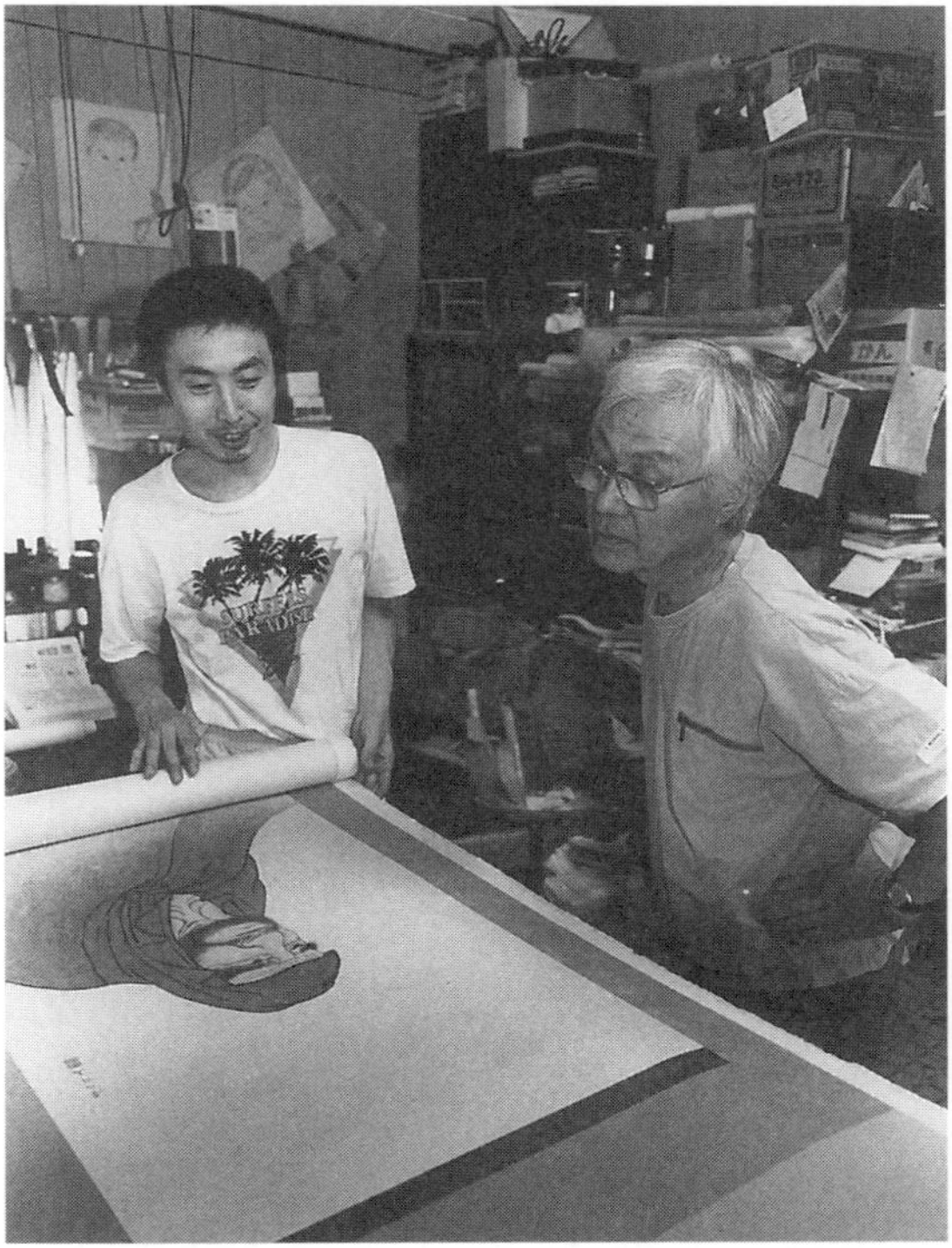

ものがありまして、これなら続けられそうだと思ったのです。

いい師につこうと思い、五百軒はある京都の表具師のうち、文化庁から仕事をとれる方は三軒。親戚のつてを頼りに、そのおひとりにお願いして、住みこみの修業をはじめました」

長渕剛に似ていると思うのは、もとより私の勝手だ。彼のテレビドラマは好きだが、異常なほどのやさしさが切れて、疳癖のでる所は特にリアリティがある。その点はどうみてもちがう。年頃や、ふうのかまわぬ所や、しぐさのあれこれは似ていて、もっと直裁なものいいを期待してしまうのだが、そうはいかない。

いい表具師として遇してもらえるかどうかは、口コミによってきまるそうだ。二十三歳から修行七年。自分で自分に卒業を認可して、彦根の現住所で開業して十三年。

四十三歳という年齢は、目のこえた茶人らにとっては、まだまだ若僧あつかいなのが一般だろう。修業時代は、師の技術を盗むのと、ひたすら、はい、と納得するのがすべてだった。夜なべになれば、作業場のすみの寝床には終わるまで行けない。そういう忍苦をこえて独立しても、師の顧客を紹介してもらうことはおろか、話をかわすことすら御法度であった。

当然であろうが、同年輩の客はいないといわれる。「丁寧語になってしまうのは、そういう客があってこそのウラカタの日常からきたもので、こういう自分に疑問をもたないようにしています。裕福な客が多いのも自然で、商売柄、ふだん人を通さない奥座敷までずかずか踏みこんで、お床の寸法を測ったりします。そういうお客にいわれたことですが、十年以上やっていて、かあちゃんや子どもがいて、苦労の甲斐を感じられるようなら、この仕事天職以外のなにものでもなかろうと」

作業過程の書画がいく束も大ざっぱに巻かれて保存されている。厚ガラスを敷いた大きな机の上で、ころがしながら、その一幅が見えるようにしてくれる。水墨の虎の絵がある。江戸後期の画家・岸駒（がんく）。岸派の祖といわれる人だ（一七四九〜一八三八年）。

こういう時代の画には、その時代にあった布とか紙を合わすのですが、この最後の裏打ちは、吉野のウダという紙の、長く寝かせたものを用います。そういう仕事が得手といいますか、好きなんです。

あ、そうそう青畝の書もありました。うむと唾をのみこむほど美しい字だ。阿波野青畝（あわのせいほ）、ホトトギス派の俳人。橋本さんの手は撫でるとも転がすともつかぬように動き、あるところでとめる。

「ここが腰です。三枚のうらうちをしています。ずっとさがってここでは二枚」

「この軸には疲れました。無数の深い皺があってうすい紙の細い折れ伏せを入れました。ギブスをはめるようなものです」

「粘りがあるとも思えないノリですから、うらうちをする工程で、東南アジアの棕櫚（しゅろ）の刷毛で叩きます。上にもひっぱってくる叩きかたです。機械織り、手織りなど布によってすべてノリかげんが違います」

目の前に垂直の板がある。はりつけてあるものに気がついてみると、うらがえしになった書である。ノリがおちつくまで保留されている。保留はあらゆる段階で長い。

表具という仕事は、次の表具師が解体してひきつぐ時に真価のみえるものだ、と少し納得しかけて、少し心眼のこもった目で見渡すと乱雑に見えた工房は、ひとつひとつ橋本嘉寛さんの頭脳に収斂されている。

彼は一日中ひとりで作品を前にして、ある時は数珠でさすりあげたり、会話したり、肩の力を抜かせたり、わざと放っておいたりして、大切なおあずかりものと向きあっている。技術や考証ごとは当然のこととして、真の大事はまっすぐにかかることである。

1996・8・11

困難な完成度をえらぶ

陶芸家

市原和弥さん

■いちはら・かずや
1953年（昭28）、八日市市に生まれる。京都精華短大油絵科中退。8年前自宅に「赤土窯」の工房をひらく。

前回の対談者、表具師・橋本嘉寛さんからリレーされたのは、陶芸家として最近個展をはじめられた市原和弥さんである。高校時代の同級生だという。私の老年のせいだろう。橋本さんは四十三歳だったな、とすれば同年の陶芸家の自立は、この年代にとって早いのか遅いのか、という益体（やくたい）もない思案ばかりが先にたってしまう。おたがい油絵にとりつかれた時期をもち、おたがい家業に縁のない職人として自立したわけだ。私などからみれば、おたがい、あえて苦の道を選んだ思いである。

市原和弥さんの自宅は、八日市市の大凧会館のまん前だった。

三百坪の、庭のある敷地の恵まれたお宅は、戦前の祖父の代に越してこられたもので、それまでは旧市内で「菊屋又七」という看板で、貿易商を営んでおられたという。ご両親は、小学校の先生であった。今はお母さんとの二人住まいである。

高校三年生までバスケット・ボールをやり、油絵に熱中していた。特に身構えることなく、精華短大の油絵科に入ってしまって、二年間は打ち込んだ。自画像を見せていただいたが、目の前にしている市原和弥さんが、見事に重々しい黒の色調のなかにとらえられている。

「レンブラントのようですね」

「クラシック好みでしてね。でも似たものを描くのが絵の才能じゃなし」

卒業証書をとる気はなかった。

漠然と工芸で身をたてたくなり、大工仕事を二年。結局、やきものしかないと思い

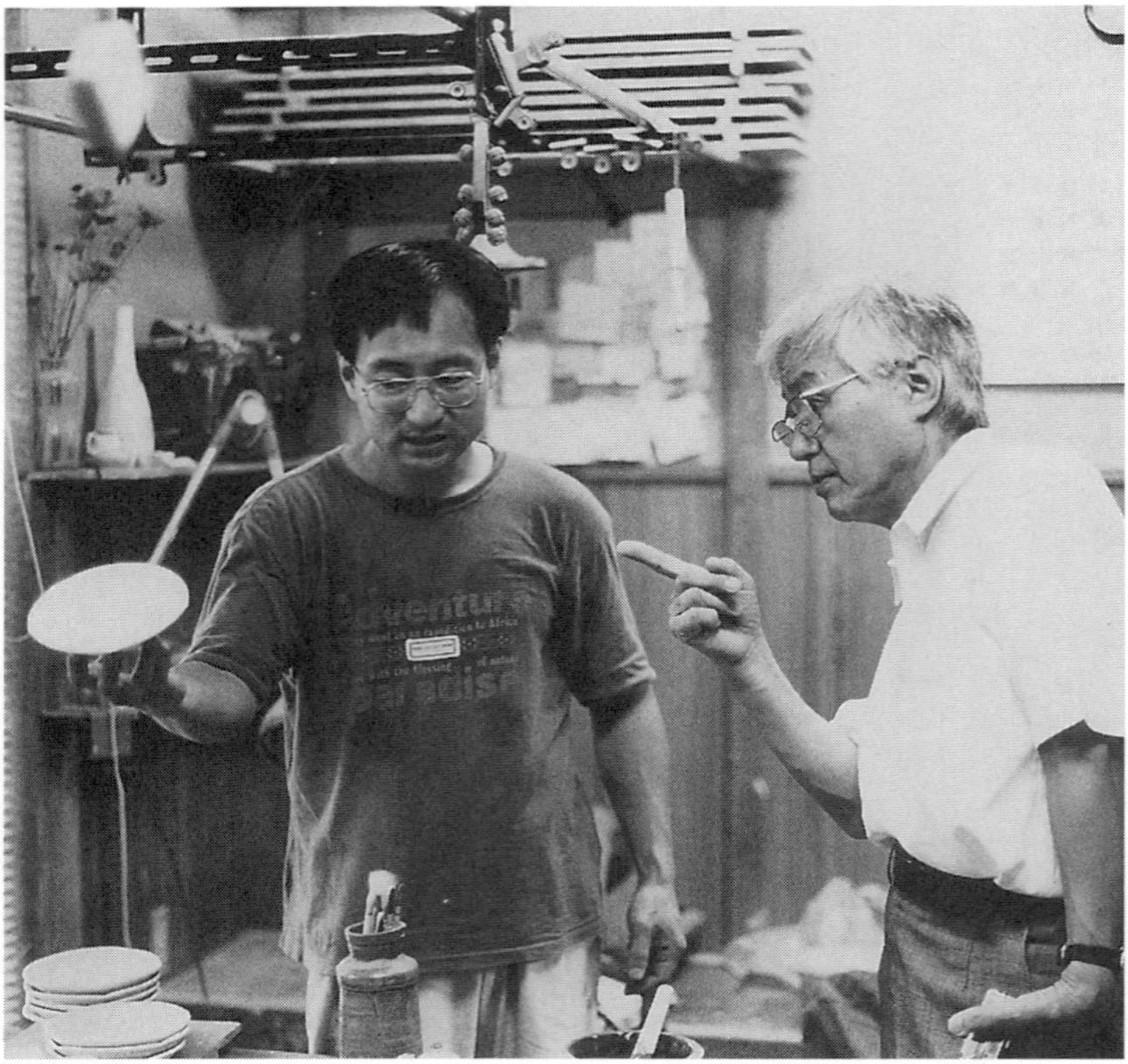

つめて、宇治の共同ののぼり窯のある京焼村で住みこみの修業をする端緒についた。二十四歳の時である。

三年半前に対談した八日市市の中野亘さんも同年の陶芸家だ。大学を出てから京焼九年の住みこみ修業をしている。学生運動の火が消え沈静化したなかで、大学を出た者が、古い徒弟制度に何らかの実現的な手がかりを見いだそうとした。この共通項を、私は無視できないと思っている。修業後は皆一様に師の手もとから離れて、ピラミッド型の傘下の影響からはまったく身をひそめるような、孤立ぶりも共通している。ただし、その孤立ぶりを簡単に一様の意味でくるわけにはいかない。

市原和弥さんの家の入口には「赤土窯」という看板があった。和弥さんの誕生日が近くの太郎坊山（赤神山）のお祭の日にあたるという縁起から、つけたそうで、開業の意気込みのみえるものだ。

玄関を入れば、急須の群のおでむかえにあう。ひとつとして同じ型のものがないし、ふたをあければ、緻密に調整された内部の肌に嘆声が洩れる。

市原さんは修業を二年で打ち切ったそうだ。ロクロに対する天分がどのようなものか、は私などは聞かされるままにうなづくしかないが、力学的に円の中心線を見定めた上下動でロクロをひくことは、ほとんど習わずにできた、とおっしゃる。しばしば、先生のできないことでも、できました、といわれるのも、ふむふむとうなづく。

「これは最近作の花器ですが、磁器に柔かい感じを与えるためにロクロのひきっぱなしで作りました。乾いてから少し変型を加えています。腰がなくて、のばしにくく、可塑性がないものですから、それなりの速度などの即応性が必要なんですね。でも磁器をひいてから、陶器をひいてみると、こんなにカンタンだったのか、と思いますよ。

もっとも作品のよしあしとはおのずから別ですが」

修業を二年にちぢめたかわりに、釉薬や窯（現在は灯油窯）の研究、試行錯誤の作品づくりは、書物などによる独学である。十数年の経過の中で、プロ根性を維持するのは、頑（かたく）なさだけでは無理だろう。京焼村の工房でも十二人、著名の作家からお土産品の職人まで、いわば雑多な人間模様であったというが、私たちが、日頃みかけるのも、デパートからスーパー、信楽や京都の陶器祭、ギャラリーや個人商店の店頭、それぞれ雑多性としてでしかない。

作るのも一大事だが、売れるのも一大事。その困難な志向の道を、絵から陶芸までひきずってきた。

「江戸後期の青木木米（あおき・もくべい）を目標にしているんです。あんなふうに、ひいきの客が買いに来てくれたらなと思って、昨年の十月はじめて自宅で個展をひらきました」

青木木米＝学識あり画をよくし、奥田頴川に陶法を学び、染付・青磁・南蛮写などの煎茶器を主とし、気格高い作品を作った、などと広辞苑にはある。

奇抜なデザインや発想のおもしろさにはむかわない。それよりは使いよくて、収納のいい、急須や香合など。手がこんで利が薄くていやがられるものに活路をひらきたいと思っている。

「土筆三本の箸おきを作ってよく売れました。萼（がく）の部分を別の土で色変りにして。型を作らずにひとつひとつ工夫がないと、自分で飽きるんです」

１９９６・９・８

宿運の出会い

能面師
蔭井暢春さん

■かげい・ちょうしゅん　本名＝冨士夫。
1947年（昭22）、近江八幡市に生まれる。八幡工業高校機械科卒業。京都の予備校に通いながら、アルバイト中、後の人間国宝能面師・長沢氏春先生にであい、面打ちに憑かれて今日にいたる。

ひとは、自己実現という遺伝子をもたされて、いつしか、わが道をとぼとぼと歩いている。だが、世にもてはやされているエリートはともかく、それが的はずれでもなく、わが道だと確信できたままの人はどれほどいるだろうか。

今度紹介されて、藤井暢春さんにであった。能面師ということで、多分、陰気な自宅のノミ類やノコギリの並ぶ工房での対談を指定されると思っていたのだが、勤め先の、厚生年金センターの体育館に来てくれとのことだった。すばらしい枯山水の庭園がある。娑羅の木も植えられている。

庭を見渡す喫茶室で、

「ここは五年来の私のアルバイトの場所なんです。四十九歳の今日まで、ほとんどアルバイトで食いつないできました。端的に言えば、能面は売れないんです」

といって、持参の二つの面、彩色の終わった般若と、小作り完了時の白木の狐面をとりだされた。後者は顎の部分で二つにわかれていて、紐でつながれている。

がっしりした体育会系のお兄さんといった感じが一変した。陽気ぶりは残っているが、般若の面の眼の要所要所へのノミのあて方など、専門技術の苦心の跡などが、ポンポン言葉になって、とびちらばる。

私にはもちろん比較鑑賞できるだけの能面の体験も知識もない。室町時代に完成して、あとは古面に迫るために、いかに「写し」に徹するかが課題であるという面打ちだが、正直この般若の面に接した時には、ぶるっときた。白木の狐は、そのパターン

すら初見だったので、物珍しさと繊細さに感じ入った。

頼まれれば人前に披瀝することもあろうが、そんな機会も少ない。つまり、近江八幡市では、有名人といわれる類の人ではない。

私たちのテーブルにコーヒーを運んできた女の子が、

「うお、恐いやん、おっちゃん。こんなん、掛かっとったら、部屋通れへんわ」

と、まるっきりべたべたの少女用語で言った。蔭井さんに対する日常感覚のでたいい方だった。

八幡工業高校機械科を出てから、京都の予備校へ通うために、すし屋のアルバイトをした。その時の知人とのつきあいから、遊びに行くという感じで、後に人間国宝となる長沢氏春先生と三人のご子息、浄春、宗春、草春氏の伏見のお宅に出入りするようになった。材料（檜の古材）をぽいと与えられて、並んで面を打つ環境にめぐりあった。もともと、鋭利な刃物仕事には魅せられていた。それと、どんな面でも粗彫りの段階で、終末を見抜く氏春先生の一瞥の眼力に恐怖の戦慄を感じた。それは格別の魅惑でもあった。小作り完了の前には、おそるおそる「もう塗ってもいいですか」とたずねるのだった。並んで打っていればこそできることだった。ひと言、「彫りすぎて血がでたるわ」といわれれば、致命的だった。

長沢氏春先生は一九一二年（大正元年）生まれの方である。十五歳の時師事した面打ち師に、一年で独立を許された天才で、蔭井さんが通っていた二十三歳から二十五歳の間といえば、師の六十歳までのこととなる。六十六歳で人間国宝になった方だから、もっとも力の充溢しておられた頃だろう。蔭井さんの記憶では、気どらず、威ばらず、食事はラーメンでも何でもＯＫ、面以外にはあまり気がない人で、金ができたら骨董屋に古面をあさりにいく人だったという。その師から子息以外のただひとりの外弟子として「暢春」という名前をいただいているということは、その後の一門展などの出品作も評価されてきたということだろう。

蔭井さんの本名は富士夫である。一般にはそれで通っている。京都の観世会館に、小面（こおもて）、猩々（しょうじょう）などの面を納めたことがあるといわれたことは、女面の得意な師とのつながりを感じさせた。また、その会館で、『敦盛』の舞台に、蔭井暢春作の平太の面が登場した時、案内をもらっていて、ああ、これで、面打ちで食えなくてもいいや、と心から思えたという感慨には生涯の本音がのぞいていた。

二年ほどしか定職につかなかった、という来し方は、さぞ家族泣かせだったろうと思われるが、その理由は多分家族には通じまい。ゆったりしたお金と貴重な時間とが交換されてしまうと、能面を打つ精神的な余裕を失ってしまうというのだ。だから、たとえば十万円の切羽つまった金の必要があれば、知り合いの大工さんに、それだけの下仕事を何日と限ってさせてもらう。屋根の土を運ぶ仕事などなんでも。

師の一家のように「面打ち教室」をひらいての颯爽とした表芸には、何もかも及ばぬ。それなりのいろんな工夫はした。四十歳になってから京都の神社本庁の講義に通って、神職すなわち神主さんの資格を得た。老年を迎えて、神域を浄めたのち、部屋籠りをする自身を時々夢想する。人気のない深夜の部屋で研いだノミのたてる音は、雪みちを踏む足音そっくりだという。サクサク、サクサクと。

1996・11・10

素人という主張

陶芸家

西村眞一さん

■にしむら・しんいち
1936年(昭11)、近江八幡市に生まれる。同志社大学商学部卒業。酒造業に従事。岐阜県大萱に、荒川豊蔵先生を訪ねたことにより、古志野の陶片に魅せられ、以来業務のかたわら陶芸にうちこむ。乾山のような「永遠の素人」が目標。窯を「椎の木窯」と命名。

西村眞一さんは、同志社の商学部を卒業したのが一九五八年（古美術研究会に所属）、そのあと家業の酒造業に従事するのだが、たまたま一九六一年に、兄の一三さんと友人の三人で、志野茶碗で著名な人間国宝・荒川豊蔵先生を、岐阜県大萱の穴窯に訪ねている。眞一さん二十五歳、荒川先生六十七歳の折である。おそらく一瞥されて終わりとなるところであっただろうが、折から東京博物館の学芸部長・野間清六氏の訪来があった。一三さんが、

「野間清六先生ですね。西勝酒造の息子です」

と、声をかけると、若い頃近江八幡に住んでおられた氏は、

「ああ、お父さんにはお世話になったものですよ」

と、応じられた。それで荒川先生は無視もならず、弟子の中山直樹さんに桃山時代の志野窯跡を案内させた。強運があったとしかいえない。

「長石釉の志野茶碗を見た瞬間、体が金縛りみたいになりましてね。それから十年間方々を訪ね、古陶を手にとって勉強しました」

という戦慄自体が並のことではない。以来、中山直樹さんは、間接にも直接にも師となり、酒をたずさえて訪ねる西村さんと一緒に、古陶の破片を探したりした。考古学の発掘のコツで西村さんが、木の根に挟まれていた鼠志野の二個の陶片を見つけたときは、荒川先生も驚かれて、

「ひとつ呉れよ」

と所望されたそうだ。

西村眞一さんは、こと陶芸に関すると、土の話題、釉薬の話題、歴史的背景、茶人とのかかわり、どの一点にふれても、はじきだされる噴出孔があって、とめどなく範囲がひろがる。

「あなたの話はおもしろくて、ぼくひとりで聞くのは勿体ないから、二十人ばかり集めてくるわ」

信楽で、そんな事があったというのも、いかにも腑におちる。

西村さんの陶歴一九七二年の項に、小形ＬＰＧ窯を設置し、我流の轆轤（ろくろ）を回し、モグサ土や風化長石を使って志野に挑戦を開始する、というのがある。古陶磁器に関しては、枚方在住の墨田栄吉氏の指導を受けたが、ロクロについては指導を受けると、その人のクセがつくから、独学で身につけなさい、という荒川先生のことばに従ったそうだ。

セイタカアワダチ草の灰釉を開発し、木の葉天目をマスターしたり、花天目を創作したりするたびに、新聞やテレビでとりあげられているが、そのたびに、「プロはだし」とか「プロ級」と書かれるのは、少し異様に感じたものである。単に陶芸で食っていないから、ということであろうか。

師の荒川豊蔵さんは、親しい魯山人の反対意見にかかわらず、大平、弥七田、牟田洞（むたぼら）などの窯跡を探しまわって、やっと志野や鼠志野の陶片にであった人である。もぐさ土と呼ばれる多少砂気があって粘り気の少ないざんぐりとした土にゆきついて、荒川先生は、古志野を再現した。再現したといっても古志野のように釉薬が薄くはない。あくまで昭和の志野である。

最近は、陶芸教室を二、三年経験した位で脱サラ自立する人が多いですね。かりものの窯で、かりものの土で、木の灰や草の灰をさがす努力もなく、再現の目標や根気がなかったら、新しいものに行く形で逃げるしかありませんね。

西村眞一さんのなかには、荒川先生にであった当初から、一貫して「まなびはまねびである」という思いがあるようだ。まねびについては、他人に追随できぬ積極性がある。展覧会に入賞して新奇をてらうより、素人の、いわば保護膜のなかで、師のまねびをふかめてきたといえようか。

今回訪問してまず見せられたのが、一九九一年に築かれた特殊窯である。荒川先生の穴窯のノウハウから考えだされた、西村さんの設計によるもので、岐阜の築窯名人といわれる職人の手で完成された。不経済な窯で、薪とLPG併用、ガスボンベも五本必要。煉瓦を二重構造にし、二昼夜かけて焼きあげるが、築窯中から職人は、その設計に舌を巻いていたという。

西村さんは、この窯で、「志野」「木葉天目」「黄瀬戸」「鼠志野」を焼成して各地で展示した。

いま西村さんは、十年間勤めた和菓子の老舗「たねや」の企画部顧問を今年三月定年で辞して、陶芸の腕を思いのままふるえる立場にいるが、近江八幡市の「たねや」の二階の茶房に大きな土産をのこしている。市の名誉市民第一号故ウィリアム・ヴォーリズ氏の没後三十年を記念して、四十センチの高さに縮小した市内の洋風建物、十七棟だ。半年がかりの色あざやかな陶製で、すでにない二棟も含まれている。漸減する傾向のくびきになることは疑いない。

1996・10・13

平凡さが負目

作家

畑　裕　子　さん

■はた・ゆうこ
1948年（昭23）、京都府大宮町に生まれる。奈良女子大学文学部国文科卒業。公立中学校国語科教師11年。1983年（昭58）滋賀県竜王町に転居、小説を書き始める。1993年（平５）『面・変幻』で朝日新人文学賞、1994年（平６）『姥が宿』で地上文学賞を受賞。

〈「お能の面はあちらの世界から人の姿を眺めているような気がします」
「あちらの世界とはあの世のことでおますかいな。
静の中で人間の本質を表すのが能だとするとそういうことになるかもしれまへんなあ」〉

『面（おもて）・変幻』導入部の面打師・石井清香とその師・東堂柳太郎との会話の部分だけを抜き書きしてみた。これは、一九九三年に第五回朝日新人文学賞を受けた作品である。面打師・清香は祇園の旅館の二代目の女将として設定されている。

この小説を読みなおす気になったのは、前回の対談者、面打師・蔭井暢春さんの般若の鬼気迫る面に接してから、対談のリレーを畑裕子さんにつないでもらい、今度は、連歌のつけのような味わい方をしてみたかったためである。

畑さんのお宅の居間の壁には、万媚の面がかかっていた。七割がた縮小されているが、精緻な打ちかたである。太い、やや放逸な眉の描かれかたは、男ごころを無限に誘う室町以来の艶女の定型であろう。面の底には臙脂（えんじ）色の布があてられている。

小説の主人公である能役者の今井藤之丞はこの面をつけて、舞台でたおれ、死路をたどるのである。

「第四回朝日新人文学賞には『月童籠り』を応募作としました。これは、あまり苦労なしに書けたのですが、また候補作品となったのも意外で、落ちてからの納得もあ

りました」
「次のモチーフがきまらずに鬱々（うつうつ）としていたころ、知人の誘いがあって、大阪まで能面のグループ展を見にでかけました。知人の知人に縁のあるそのグループ内の面打師は女性で、七十歳近い方でした。先入観も予備知識もなしにでかけていって、会場を埋める面を前にしたとき、からだ全部が森閑としたのです。そのグループは、かなり腕のたつ集まりらしく、その時の衝撃は、その後二〜三度の別の展示では味わえませんでした」
　高い声である。言葉を躊躇しながら出し、また繰り返すように類縁の言葉にまつわり、含羞の笑いにかわり、歯切れがいいとか論旨明快というわけにはいかない。それでも、そんな話しかたのなかに、何かしらの積極がある。前に、ある会場で初対面の挨拶をしたが、その時の、伏し目、ひかえめ、の感じとは全くちがう。

『面・変幻』を初めに手にした時には、祇園言葉をよくマスターしたな、というのが驚きだった。会話のはしばしが匂うようであった。どの一行をとってきてもいい。

「お母はんが清香はんのお色を全部吸い取ってしまわはったんと違うやろか。きれいな顔をしたはんのに、どうも清香はんの顔には情というものの揺らぎがおへんなあ」

ストーリーというより、この会話口調と面打師にまつわる細部の描写にひかれて読みすすんだ。母娘二代が能役者・藤之丞と情を交わすようになり、母の顔そっくりに仕上がった万媚の面をつけて、藤之丞が舞台で死ぬストーリーには、いつかであったような気がしてならなかった。

「苦労しましたわ。面打師とであって、話をうかがったり、参考文献をあれこれしらべるのは当然です。原稿も五回書き改めました。五月末の締切りに対して、第一稿は、十二月。五稿目は五月初めになりました。

授賞式の時の挨拶で、ぎりぎりになっても意にかなう結びが迎えられず、ええい、主人公を殺しちまえということで、かくなりました、と申しあげたら爆笑でした」

井上ひさしさんが選者のひとりであったそうだが、面打師の世界によくこれだけ入りこめたなという賛辞があったらしい。体験で入りこめたわけではないので、ずっとうしろめたさを感じていて、賛辞もひや汗の上をすべっていくようでした、と思いだすようにいわれて、また、くすぐったい高い笑いになる。

「ものを書きだして、本当に間がないんで、新聞などに書く文の末尾に（作家）と書かれるのが、すごく恥ずかしいんです。書きはじめた頃、私には負の要素がないので、作家の資格がないんだと心底思っていました。大江健三郎さんに対する光さんの存在、瀬戸内寂聴さんの男ヘンレキ、そんな世間的なマイナス要素が何にもない、平々凡々なんです。身の内の負の要素が起点にならないから、私の書くものは、みんなフィクションです」

でも書いたもののあとから具体的な事例がおこることがある。予想のつかなかったことだ。学生時代の友人の話では、東京の能役者が舞台で倒れ、替わりの役者に引きつがれることなく、中断されるのにたちあったという。

また、「地上文学賞」を受けた「姥が宿」では、北海道と県下の永源寺町の読者がそれぞれ、わが町のこととして名乗りでたという。

１９９６・12・８

人間の内部の自然

「メディア・ブレーン」のシナリオ・ライター

吉田　剛　さん

■よしだ・つよし
1950年（昭25）、京都府和知町に生まれる。滋賀大学教育学部を卒業。２年間宇治市で小学校の教師。後、「メディア・ブレーン」を仲間と創立。構成を担当。

リレーでうかがわせていただく人のなかには、最新のメカを駆使した企業にたずさわっていらっしゃる方もあろうとは承知していた。けれども私は、ことさらその方面には弱いので、就業している人が、黙って機器とむきあっている場に出むくことは、侵入者めいて好きではない。かといって、その場を外れている吉田剛さんに逢うのも意味はなく、指定された日時に職場「メディア・ブレーン」をたずねた。小説家・畑裕子さんの紹介である。畑さんは県の広報番組「淡海文化元気人ワールド」で、吉田剛さんの進行台本に従って、小谷山のふもとの湖北町留目（とどめ）村を訪ね、ゲスト出演をしたというのが、最近のかかわりである。つい先日、十二月かかりのびわ湖テレビで放映された。

「いやぁ、困りました。畑先生からFAXを送ってきて、次の対談者になれっていわれましてね。ほらここに『人間慕情』の対談者名が並んでいますでしょ。軒なみに取材させてもらっています。嘉田先生、だいぶ前琵琶湖研究所で。平賀胤寿さん、高城修三さん、今関信子さん、これはお宅にうかがいました。浅見素石さん、寺田実さん。あ、寺田さんは、ここへも見えるのですよ。ベトナムでカメラを廻して、その編集を、こちらへ持ってこられました」

「ひと様にお話を聞きにいかせてもらうことはあるのですが、聞かれるのはかなわんし、何とかことわってもらえませんか、いうたら、私もお友だちが少ないもんで、いわれて……」

「ひと様」という言葉で、ふっと吉田さんのお顔を見た。私の頭髪はまっ白だが、吉田さんもかなりの白髪まじり。中年の痩せ型のインテリというタイプである。着なれた、というか、いささか着古したセーターを身につけて、無精に近い髭をのばしているあたりは、裏方に徹している人だな、と即了解する。

「メディア・ブレーン」MBとある社名の下に、TV・映像・企画制作と小さく企業説明のある名刺をいただく。吉田さんの役職は構成とある。見まわして、吉田さん以外は、三十歳代の男性ばかりとおみうけした。

取材にでかける用が急に入って、お話しする時間が一時間半しかないという。こういうことに対する諦めはすぐつく方だが、限定時間のなかで、そのひとの機微にすばやく潜入できるほどのひらめきには乏しい人間である。あいてが許してくれれば、ぐだぐだと腰を据えて、夕刻になるのが常だった。

吉田剛さんも、実は私もそういうタイプなのだ、という所に、いつしか話が入り込んでいた。社にもちこまれる企画を、こんな流れで作ったらどうでしょう、という台本を作って提出する。一度で納得をえられる時も、改訂を要求されることもある。そのシナリオを制作するのが、吉田さんの仕事で、制作に先だって、現地に飛んで、例えば、畑さんにゲストになってもらった湖北町留目の集落では、村づくり運動のあれこれを納得いくまで聞きいったり、周辺の風景をどう活かすか、ディレクターに直結できるカメラワークも考えている。

吉田さんの嫌いなもの三つといえば、電話番、巨人、政治家とつづくそうだ。顔の見えない電話はいやだが仕事柄とはいえ、顔をみながら話をしているうちに、その熱意にほだされてくる。ひとつには、どうしてこんなに一所懸命に生きられるのだろうという思い。最近は地もとの環境問題に関心が集まっているので、特にその話題が多い。そうこうしているうちに、日が落ちているのがしょっちゅうです。帰りの車のなかでは、キーワードを考えながら、はめこむ場所のあたりをつけています。

この仕事に性があっているなと思いだして四、五人の仲間と会社を創立して、十四、五年になる。今の場所に移って八年。営業をおかず、お客は今までの蓄積を評価されてのこと。上下関係もない集まりで、会社代表をはじめ音楽好きで、ライブ活動をやったりしている。

などと聞くうち、大ざっぱなものが見えてきた。そしてこのメディア・ブレーンでは、カメラや音声は枠外で、吉田さんの台本を基本にして、ディレクターの働きや編集機にまつわる格闘が中心らしい。幸か不幸か、その騒音には出くわさなかったが、凄いものだといわれる。

吉田さんのシナリオには、吉田さんの心象のドラマはない。吉田さんの言うとおり、職人仕事というしかない。でも短い対談時間を気づかって、吉田さんは一つのヒントをくれた。滋賀大学教育学部を卒業し、宇治で二年間教師をしたあと、自堕落になって、酒ばかり飲んでいた。離人症の期間を家内に養ってもらった。一つには、教師同士が交わしあう先生という呼称が嫌だった。

由良川の源流にある丹波の和知町で生まれ育ったせいか、自然が好きで、よく山にでかける。妻は、同じ大学の美術科の出で、手描き友禅をやっているが、これが、花の大好き人間。子どもはいなくて、山へは家内同伴です。その意味で、滋賀の居住は恵まれていますね。

1997・1・12

点描の記録者

朽木いきものふれあいの里指導主任

青木　繁　さん

■あおき・しげる
1952年(昭27)、大津市に生まれる。名城大学農学部卒業。小学校教師歴17年。「県立朽木いきものふれあいの里」設立時(1992年)から参画、指導主任。今津町在住。

「そりゃどうしても芽ぶきの春と、紅葉の秋は見どころが多いものですから、訪ねてくる人も多くなります。でも、冬もおもしろいんですよ。夜中に雪が降って、朝方に止んだ日など、いるとも思えなかった小動物の足あとが、くっきり残っています。テン、キツネ、リス、ネズミ、シカ、カモシカ、ウサギなどなど、今朝もよっぱらい歩きぶりがタヌキみたいだなと思って少し尾けてみたんですが、キツネでした。まあ、ツキノワグマなどは冬ごもりしていますがね」

たちまち、私のなかに田村隆一の「見えない木」の詩行が起きてきた。

〈たとえば一匹のりすである
その足跡は老いたにれの木からおりて
小径を横断し

もみの林のなかに消えている
瞬時のためらいも　不安も
気のきいた疑問符も　そこにはなかった
また　一匹の狐である
彼の足跡は村の北側の谷づたいの道を
直線状にどこまでもつづいている
ぼくの知っている飢餓は
このような直線を描くことはけっしてなかった
この足跡のような弾力的な
盲目的な　肯定的なリズムは
ぼくの心にはなかった〉

外の気温は二度。幸い道路に積雪はなく、チェーンを巻いてあがってくることはなかった。滋賀県立朽木いきものふれあいの里の全館暖房してある、だだっ広い天井の高い部屋に坐っていて、まだ私は凍結の気配を感じていた。青木繁さんが、何人かを引率しながらカンジキをはいて三メートルの雪の中を一日二回往復されるという標高九百二メートルの蛇谷ヶ峰が正面の窓から見えている。崖のない安全な山だそうだ。

この施設は、設立から五年、周辺の自然の多様性を最大限にいかした観察ゾーンで、年間四十数回のテーマをたて、子どもから老人まで六、七千人のガイドをする。はじめにふれた雪上の足跡の追跡やら、キノコの観察、越冬昆虫、天体、ホークウオッチング、樹木、シダ植物の観察から草木染めの実践まである。固定化しないで、テーマは挑戦的である。個人の申し込みを基本にしているが、無制限であったり、親子ふれあいハイキングであったり、小学校高学年以上という体力制限があったりする。積極的な要望には、惜しみない指導をする。終わって声がからからになるのは常で、動物への配慮のためマイクは使わない。

「私たちの仕事はインタープリター（通訳者）と呼ばれています。自然そのものはメッセージを発しない。直接ひびきにくい所を、それぞれの感受力や年齢を勘案しながら伝えていく。自然のなかには、何か直接身体にかたりかけるクッションがあって、子どもは気どりません。たとえば猿の雪の上の手形は、幼児と同じですから重ねあわせていますし、糞のちがいなども本当におもしろがります」

青木繁さんは、小学校の教師を、もう十七年も経験している。その彼が、「朽木いきものふれあいの里」の設立企画のことは、その青写真の画かれる頃から知って、募集に関してはいち早く応じているし、何かと協力し参画してきた。その熱意のほどは、毎月の執筆になる、「今月のみどころ・今月の自然観察」というシリーズを、ぱらぱらとめくってみただけで瞭然となる。朽木ででであった蝶や虫や鳥、アニマルトラッキングによるイタチなどの足跡が、日付入りでスケッチされている。鳥などスケッチ不能のものは、複写とせざるをえないが、標本を作って顕微鏡的接眼可能なものは、何と、点描画である。迫真性を求めて、ついにこの描法にいたったものか。ロットリングで無数の点を打つこの描法には、おのずと祈りのようなものが感じられる。自然と人との架け橋たらんとする祈りだろうか。

九六年三月八日の日付のある背に黒いスジのあるヤマネ（天然記念物）には次の記述がある。〈絵のヤマネは二月九日野尻で発見されました。体長は七・八センチ、尾長五・五センチ、体重十九・五グラムでした。その後ずっと冬眠状態を続けていますが、体重はどんどん減り、一ヶ月後には十四グラムになりました〉

青木さんとの話が仰木の里の今森光彦さんの仕事にふれた時、青木さんは、ぽつりと言われた。

「あんな場所は、いつもふつうに飛びまわって、何でも、目にふれるものは見ていますのに、目にふれていながら、見ていなかったんですね」

特に植物に造詣のふかい青木繁さんは、滋賀県の植物二千七百種のうち、ざっと二千種は標本として今津町のご自宅に所蔵されている。十畳の天井なしの部屋に七段組にしておられるそうだ。スライドとして整理のできているのが千五百種。死ぬまでには全種類に届かせたい、とそれまで何ひとつ自慢話のでなかった唇をほころばせた。

対談をおえて、この人のいない「ふれあいの里」はないなと、凍結しそうな坂道を下りながら私の全身が感じていた。

1997・2・9

家族で支えるプライド

蒔絵師

舟越幸雄（青風）さん

■ふなこし・ゆきお
1940年（昭15）、東京に生まれる。蒔絵師・井川藤四郎氏に15歳の時に弟子入りをする。1980年（昭55）、彦根仏壇蒔絵部門伝統工芸士に認定される。彦根市美術展委員。漆芸・美術「蒔絵師堂」店主。

「この頃、ぽちぽち祖父の作品が出てきよります。一目で判るんです。祖父のも、父のも、私どもの血となっている、と申しましょうか。私の作品も、もう五、六十年たてば、そうなりましょう。祖父は京都の蒔絵師、父は東京でしたが、空襲で焼けだされて彦根にまいりました。上物専門でしたので、地場産業の彦根仏壇には少々適応しにくいようすでしたが、私の中学二年生の時に他界しました。

私を三代目にしむけたのは、母のたっての懇願です。中学校を出るやいなや、十五歳で地元の井川藤四郎氏に入門いたしました。『お給金はいりませんから丁稚から仕込んでください』というわけで、それでも給金五百円もらいました。散髪にいったら、チョンですわ」

まず、坐り方である。あぐらの上に背すじをのばして板を五指で支える。上から下へしか漆の線は書きおろせないので、運筆の練習だけでせんどする。大人あいてにしゃべることもない。何かといえば使いにやらされる。下駄ばきで背中においねるのが当時の習慣だ。進学の希望も強かった。立看板の自衛隊員募集の給料の額面ばかりが目に灼きついた。やがて当時の秘法であるウルシ練りである。目分量で師の調合するのをからだでおぼえなければならない。

「私などいまだに目分量ですわ。長男は、京都の銅駄美術高校漆芸科から高岡国立大学を経て、輪島の著名な師について七年の修業を終えたところですが、漆や顔料はすべて秤にかけますすね」

おやっと思った。職人気質を一律に考えているわけではなかったが、彦根仏壇の蒔絵師として著名な舟越幸雄さんは、そのひと言で我田引水的な親方気質ではない、と知れたのである。

「母から何度も石のうえにも三年といわれましたし、叔父からは、腕さえ身につければ、京都の一流どころへ職をみつけたる、と説得されていました。そのうち、この仕事が好きになってきましてね。憑かれるようになったのと、地場産業である彦根仏壇の興隆ぶりとが同時でした。高価なお仏壇の注文もふえて、腰板に家紋や山水花鳥ばかりでなく、自宅の庭や彦根城を描いてほしいというのもあって、デッサンにもでかけたものです。

うちの師匠は世間が狭くならないように気を配ってくれる人でした。青年団活動での研修旅行や青年会議所とのかかわりなど。それに、祖父、父の仕事を知ってくれている人や問屋とのかかわりで舟越さんでなければ、と指名されだしましてね。

師匠のすすめで、修業十年目に彦根市美術展にだした作品が、初の特選になりました。さすがに嬉しかったです」

それが契機になったのであろう。それから八ヵ月後の昭和四十二年七月に独立開業されている。爾来三十年。

私の紹介された大きな興味のひとつに、舟越さんは、奥さんや子どもさんとの家族ぐるみで「蒔絵師堂」を経営しておられる、ということがあった。これは家長である

舟越幸雄さんに、蒔絵師という仕事に対するよほどの誇りや自負があって、天職という自覚を幼い時から植えつけたに違いないと思えた。

皆ご存知のように仏壇は各家庭にあらかたゆきわたっていて、買い争われる状況ではない。贅沢志向もない。中国や台湾から、すきあらばとばかり値の安い粗悪品が乱入する。かつてはいくら夜なべをしても追いつかなかった仕事だが、これから新たな店を興すほどの需要はない。

そんな状況のなかで舟越さんは、二人の息子、一人の娘をためらいなく銅駄美術高校漆芸科に入学させた。その過程のことは知るよしもないが、私の若い友人で、詩人でもある漆芸家・下出祐太郎君が蒔絵師の父のことを書いた初期の作品に次のような行があるのをみると、相伝するものの何たるかが、少し判る気がする。

父の背中が／怒鳴ったり／笑

ったりしている／漆や篦（へら）／塗り刷毛や蒔絵筆／父のかたわらで／すんなり目になったり／手足になったりしている

「蒔絵は永遠に残るものですから、十年没頭してやっと緒につくような難しさがあります。いえ、さらに言えば、一代では無理でしょう。二代、三代かけて精髄のあらわれるものでしょう」

仏壇仕事のあい間をみては、という作品をいろいろ見せていただいた。棗（なつめ）、四方盆、飾り盆、金から銀へ截然（さいぜん）と分かつとも分かたぬともみえぬ微妙な波模様にはいきなり魅せられた。

同業者が彦根に六軒あるが、いずれの子息も教師やサラリーマンになってあとつぎがいないそうである。また腕のいい塗師（ぬし）までが、「うちのような仕事、子どもにはよう継がさへん」などといいだして、まあ、へたな塗師屋さんは、居ても居なくてもかまわんのですが、思わず声をあらげて、あんた、そら、マチガっているんとちゃうか、といいましたよ。

平成七年四月に家族の蒔絵作品展を市民ギャラリーでひらいた。聞くだけで喜びが見えた。

1997・3・9

迷いなき道

日本イヌワシ研究会事務局長

山崎　亨　さん

■やまざき・とおる
1954年（昭 29）、野洲町に生まれる。鳥取大学獣医学科卒業。森林性大型猛禽イヌワシ・クマタカの生態調査をライフワークとし、世界的な連繋（れんけい）のなかで活躍。環境庁野生生物保護対策検討会検討員ほか、世界的な猛禽類研究会に会員として所属。野洲町に在住。

掌（てのひら）につつむと鳥は暖かい。
豊かな羽毛、賢い眼、雄々しく、寂しく、潔（いさぎよ）い。だが
そんなに徳多い鳥も、足だけは恐ろしい。それは
悶え死ぬにんげんの手のかたちだ。
（北村太郎「鳥」より）

この末尾の行は、鳥（特に猛禽）の攻撃的なイメージと人間の末期の恐怖を一瞬に入れかえた、詩ならではの行だが、山崎亨さんが監修された映画「イヌワシ風の砦」のなかで、抱卵期のイヌワシが、たけだけしい爪を内側にまるめ、卵をふみくだかないよう不器用に動きまわる映像を見ていれば、大いに書き悩んだところだろう。

山崎さんは中学生のころ天啓のようなものがあって、鳥類の研究をライフワークにしようと思われたそうだが、さらに膳所高校三年生のとき、文字通り亨少年の魂をワシづかみにしたのが一本のNHKのテレビであった。そこにはまぶしく美しく飛翔するイヌワシの姿があった。イヌワシ生態研究の草分けである重田芳夫氏の案内に従って、中国山地の氷ノ山（ひょうのせん）に生息するイヌワシが紹介されたのである。

獣医学科をもつ十六の大学のうち鳥取を選び、入学するとすぐ重田芳夫氏に手紙をだして師事するにいたり、休日のほとんどを中国山地での調査に費やすことになったという。六十歳年配の師と弟子との鮮烈な出会いであった。

「鳥取大学を卒業後、理科の教諭であった父に頼んで、一年間、信州大学にしかな

かった鳥類生態学研究室の羽田健三教授の門をたたきました。ライチョウ・イヌワシ・カモシカなどの生態調査にたずさわったのですが、就職を一年おくらせて、このまわり道をしたのがよかった。きびしい先生で、年に一度の学会への記録発表をしないような人は即破門です。教育者というのが何であるか。文献だけをみて判ったふりをするな。現場を踏まないと自分のなかの自然はどんどん後退していく、とこの先生は、私のなかの迷いをすっかりぬぐってくれました。いま遅疑逡巡はまったくありません」

師の重田芳夫氏は氷ノ山のイヌワシをアルプスから飛来したものかと思いながら追跡して、その営巣を発見した方だが、山崎亨さんの受けついだものは、そのわずかないとぐちと未解明の大きな闇のかたまりであった。

昭和五十三年（二十四歳）、滋賀県職員〈農林水産部〉となり、獣医師として畜産農家の技術指導・畜産振興業務に携わる。ライフワークの猛禽類の研究は、もちろん身銭を切っての単独行であった。休暇という休暇を動員して、自分のフィールドである鈴鹿山脈に通いつめた。炎熱の夏は喀きそうになり、二月上旬から中旬にかけての産卵期は雪に腰まで埋まっての観察である。

「イヌワシがいると思えばこそ我慢ができたので、修行のためだったらとっくにやめているでしょうね。子どもが小さい時は、私たち仲間皆そうですが、年中家にいないので、家庭のピンチを何度も招きました」

生態が全くつかめなかった頃は午前二時に出発した。出あった巡査が、「今晩は」と声をかけてくれれば、「おはよう」と応じるようなすれ違いである。麓で車をおりて、あとは時期おりおりの懸命な登山、営巣に接近すれば気づかれないように、まっくらになるまで観察、それからヘッドランプをたよりに、しばしば命がけの下山となる。

当初はともかく、こうした研究者はひとりではなく、日本各地でそれぞれ独自に挑んでいたが、一九八〇年（昭和五十五）、山崎さんのフィールドである鈴鹿山脈に集まり、合同でイヌワシの行動調査を行うようになり、翌年五月「日本イヌワシ研究会」という一種の生物に関しては日本で最初の非政府機関（NGO）が設立された。会員は、一九九三年十二月現在で百五十人となっており、山崎亨さんはその事務局長である。

「人数をふやすのは簡単ですが、この労力と忍耐を体験すればすぐ脱落していきますよ。今のメンバーは比類ありません」

イヌワシと平行して、クマタカの生態も研究し、その研究グループの代表もされている。日本は大昔ブナの森林国であり、イヌワシは北アメリカやスコットランドなど北半球の鳥で南限が日本である。一方クマタカは東南アジアの熱帯雨林の鳥で日本はその北限で、両者ずっと森を住みわけて猛禽の頂点にたっている。マタギ伝説などあって、野兎をとるためクマタカを飼育していたなどと伝えられていたが、調査では、その生態はまるで知られていないものだった。こちらの方は十五人の精鋭なプロジェクトを作って交替にインドネシアに行っている。ジャワ島に行くのも七回目になるが絶滅に近いジャワクマタカに対するノウハウを、アメリカから教わった恩返しをそちらに向けるつもりで伝えている。

「三月六日の第三十三回琵琶湖セミナーで、大型動物ツキノワグマとイヌワシ・クマタカの、後者の報告者に指名されました。異常なほど多数の参加者が予想されるとかで、こつこつ知られざる研究をやってきましたが、こんな時代がくるとは思わなかったな」

予想どおり全国からの参加者が会場外にまで溢れたそうだ。

1997・4・13

分身としての鳥たち

滋賀県野鳥の会

岡 田 登美男 さん

■おかだ・とみお
1945年（昭20）、群馬県前橋市に生まれる。1969年（昭44）、滋賀県野鳥の会創設、現在副会長。日本鳥類保護連盟専門委員。1986年（昭61）、日本鳥類保護連盟会長賞受賞。大津市在住。

「三十年前といえば、私のフィールドである守山市の赤野井から木浜にかけての湖岸は自宅の庭のようなものでした。当時は埋めたてに大わらわであった時代で、どきどきするような鳥もよく飛来していました。珍鳥のサケイもそのひとつ。当時の図鑑にはでていないので、私には判りませんでしたが、同行の私より年少の男が、洋書のなかに見たことがあるということでつきとめました。一九六九年一月十九日から二月二十三日の間のことです。生きた姿で発見されたのはここだけです。東京あたりから何人も見にきました。満州（中国東北部）から迷いこんで来た鳥で、足の先まで雷鳥のように毛がはえていました。それにしても、同行の男をえらい奴やなと思いましたよ」

岡田登美男さんのお宅をたずねて二時間もたったであろうか、だんだん口がほぐれてきて、楽しい思い出話がでてきた。仕事から解放されて、年間の休暇が百十日から百三十日、もちろん有給休暇を含めてである。まず、一〇〇％家にいたことがない。山に入ったり湖岸を歩いたりする。滋賀のローカルでは、山の鳥、水辺の鳥をたずねて三十年、二百七十種は見ているから、この季節だったらどこに行ったらどの鳥にあえるかのおさらいはできている。ただ、一度っきりの出あいしかない場合も多い。なかなか見ることのない珍鳥の場合は、「ここで会ったが百年目」という思いで胸がはちきれそうになる。

この仇討ち的紋切型の言葉と「どきどき」という幼児型の言葉は、会話中二、三度でてきた。つまり最高の心情の表現は、この言葉に尽きるということであろう。

少年時代から、鳥の大好き人間であった。群馬県前橋市の出身である。前橋といえば、私などにはまず萩原朔太郎が思いうかび、鶏の声を「とをてくう、とをるもう、とをるもう」と表現したことや、「このあたりの山には樹木が多く／楢、檜、山毛欅（ぶな）、樫、欅（けやき）の類／枝葉もしげく欝蒼とこもってゐる」と、「花やかなる情緒」の一節に書いていることを思いおこしたりするが、朔太郎は昭和十七年（一九四二）五月末に亡くなって、前橋市榎町に葬られている。その三年後の敗戦の年に、岡田登美男さんは、同じ学区内に誕生している。少年のころから鳥と親密になるべき地縁があったということだ。早くから習性を知り、篩（ふるい）の下に餌で誘って捕っては、そのぬくもりや心臓の鼓動を感じて、「どきどき」していたが、飼おうとしても例外なく死ぬので、それはやめ、自然の中で暮らしている彼らに近づいて観察させてもらうことにした。

鳥はへっているのか、ふえているのか、正確には地球規模でないと判らない。ほとんどが渡り鳥で、いわば、ジプシーなので、一地区にいなくても、何年かの周期で観察できたりする。長野県の見聞だが冬鳥のキレンジャク（黄連雀）が百羽をこえる群がりのまま、電線から墜死したと新聞にでていたが、そういう原因の判らないこともある。

早くから関東でも京都でも野鳥の会とのつながりをもっていた。滋賀県に来たのは

十九歳の時である。京都の野鳥の会の運営委員として熱情を傾けていた。

滋賀県野鳥の会は昭和四十四年（一九六九）に十人程で創設された。今、岡田さんが副会長で二百五十人位の会員がいる。もっとも月に一度の探鳥会は二、三十人の参加者があり、野鳥との出会いを楽しんでいる。岡田さんのように早熟な愛鳥人間もいないではないが、最近の子どもは塾に通いだすようになると抜けてしまうことが多い。それに、この頃になって、自然を求めて、流行のように入ってくる人が多いのは、まわりがコンクリート化して、自然への入り口がせまくなっている証拠だと思わざるをえない。それに、情報量が多いので、会員は知識としては詳しい人が多い。だが、野鳥をさがすのはむづかしいので、一人で山に入っても発見はほとんど不可能に近い。

「鳥は分身ですからな」という言葉が、ふっととびこんできた。私などにとっては、なまぐさい恋愛対象にしか発想できない言葉である。

「少年の頃からやっていると、何の鳥であるか、ほとんど神がかり的にわかるんですよ。大きな猛禽とちがって小鳥が多いので、見るよりも聞く方が先になります。写真も若い頃は年間百本から二百本は撮っていました。今はぐっとへって、二十本から三十本というところでしょうか。接近しなければ撮れませんから、出あいがしらではダメです。ケイカイをときながら、あいての生活圏に入りこんでしまう。自分だったらこの森に住みたいか、とか、どの木に巣をかければ居心地がいいだろうかと、あたりをつけ、同化しきれないと、鳥の分身にはなれない。鳥は繁殖期にはテリトリー宣言をしますから、その声ですぐに察知できます」

サンブライト出版がつぶれる前の最後の出版書として『近江の鳥たち』がある。近江文化叢書25の、口分田政博・岡田登美男著、つまり滋賀県野鳥の会の会長、副会長共著の本で、中日新聞に週一回、百回の連載ものだという。お勤めがてらでは、しばしば頭がパニックになり夜明けまでかかったといわれる。私などがみても、今こそますます貴重な名著だと思われる。絶版が惜しい。

1997・5・11

自前の情報発信への道

サンライズ印刷社長

岩根順子さん

■いわね・じゅんこ
1948年（昭23）、彦根市に生まれる。滋賀大学経済短期大学部卒業。1969年（昭44）、サンライズ印刷に入社。父の死去に伴い、1982年（昭57）から代表取締役。出版部門を設け、「淡海文庫」を創刊。「淡海文化を育てる会」事務局を担当。彦根市在住。

「淡海文庫」というシリーズの出版本が、滋賀県の一隅から流れはじめてきた。『淡海の芭蕉句碑』『近江百人一首を歩く』『ふなずしの謎』『朝鮮人街道をゆく』など地域文化に根ざすタイトルが目につく。こういう出版本自体は、充実してきた図書館を通じて容易に手にしうるし、県内人にとっては安らぎがある。息ながくつづいてくれ、とつい思ってしまうのは、数年前まであった「近江文化叢書」の終焉を知っているからだ。

　発行所のサンライズ印刷の社長さん・岩根順子さんとは何となく面識があった。「湖国と文化」「湖国百選」などの印刷製本に、サンライズ印刷が登場しはじめたからである。

　それどころか、この滋賀民報に連載してきた「人間慕情」も、もし本にしてもらうならここにお願いするのが最適のように思えてきた。滋賀県の読者を基盤に据えながら、地域的従属性に反発しつづける根性の片鱗をかいまみたからにほかならない。

「企画本として出していただけませんか」という私の願いに岩根順子さんがどのような応答をなさったか、詳細にはおぼえていない。打てば響くような快諾の返事ではなかったように思うが、内にひきこんでふところで考えている感じで、なんとなく動揺しない太っ肚の人だなと思った。新聞記事の山を送りこんで読んでもらってから、文書における丁重な承諾の返事をいただいた。

「私の声をテープで聞きなおしたら、あら、こんな声だったのかしらって感じるわ」と、岩根さんはおっしゃる。実際私との対談のテープを聞きなおしてみると、おたがいに少ししまりがない。てきぱきと事を処する決断型の言葉運びではない。含みのないところを喋っていって、権威やかけひきにつながらないところは似ているところかもしれない。要するに警戒心をとく庶民的なタイプなのである。

お父さんは、滋賀県の孔版印刷の草分け的存在。特に四人の娘さんが、一九九二年二月に復刻版をだされた『岩根豊秀孔版画集』にみられる、秀抜な画才の持ち主であった。一九三〇年（昭和五）からサンライズ・スタディオという店を構え、夜になると、店は文人画人のサロン風な雰囲気をもっていたといわれている。

画集の栞のなかに、創業当時から現在にいたるまでの趨勢が書かれ、戦争中のことなど特に興味があるが、今はより道をしているひまがない。軽印刷業の内容もタイプ印刷から写植オフセット印刷へと大きく転換し、製本なども機械化された。設備投資の要、不要など、私たちの想像以上のことがあっただろう。私自身そういう職業を経験しているので、身にしみて判るが、谷川雁の作品「革命」の末尾〈ぎなのこるがふのよかと（残った奴が運のいい奴）〉の一行をそっと呟くしかテはない。

岩根順子さんは、胃潰瘍で倒れた父を中学時代に見ていて、この業を継ぐ覚悟をし、滋賀大学経済短大（三年）などは、ほとんどの単位を一年でとってしまって業務に専念したといわれる。八二年から代表取締役。

「ガリもタイプもそれぞれ手を染めたのですが、私にはむきませんでした。もっぱら、県庁や市役所に行っては仕事をとってきました。女だてらにと思われていたでしょうね。でも誰かれとなく気だてを知りあったり、仕事に対する直観力もでてきて。『湖国と文化』など、ずっと大阪の凸版印刷の仕事でしたのよ。瀬川欣一さんが編集責任者になられてから、滋賀県の本ぐらい県内で作れなくちゃ、という方針を洩らされたので、入札にいって、落しました。けれど、こんな大きな仕事には不案内で、へまの数かずで、叱られ通しでした。まず、内校もせずに持ってくるやつがあるか、という調子です」

叱られてこそ成長する、またいい仕事ができてくると、その仕事が次を紹介してくれる。自費出版の広告に、北海道から沖縄まで相談の手紙が届くし、老人会の機関紙で呼びかけると、元先生たち年金生活者の呼応があり、丁寧な仕上げにすると、それが口コミで広がっていく。

岩根順子さんには、まるで慈父のような、寡黙で親身な先生がいた。民俗学者の橋本鉄男さんである。別冊淡海文庫として『柳田国男と近江』をだされている。この方が代表世話人になって、「淡海文化を育てる会」ができた。年会費が三千円で、会員数は五百人に達した。年に三冊の「淡海文庫」を出版することとして、講読者が基本的に五百人いるわけである。そのなりゆきのことは知らないが、岩根さんが尊敬し、またそのうえに頼りにしておられた橋本鉄男さんは傘寿を前にして、昨年十月に亡くなられた。「淡海文庫」は緒について、これからひたむきな航路を辿ろうというときに、さぞ悲痛なことであっただろうと推察せざるをえない。一周忌には、マルコブネについての本をまとめると聞いた。

サンライズ印刷は順子さんと三女の妹さんとの緻密な眼くばりを中心に、二十一人のスタッフが現場を楽しむかたちで働いているという。先日届いた地方情報誌『DUET』53号の「おこない」特集における取材と、その内容の編集ぶりをみてもそれがよくわかる。

1997・6・8

手話はこころ

元滋賀県ろうあ協会専任手話通訳者

川渕依子さん

■かわぶち・よりこ
1923年(大12)、野洲町に生まれる。1975年(昭50)から1987年(昭62)まで滋賀県ろうあ協会専任手話通訳者となる。著書に『指骨』『手話は心』ほか。大津市在住。

かつて当紙上で竹芸の杉田静山師を訪ね、筆談で業績を聞きとったことがある。その竹芸は年をおうごとに冴え、伝統工芸展で賞を重ね、遂に滋賀県指定無形文化財に認定されることになって、そのお祝いの案内状が私にまで届いた。平成九年六月二十八日、大津プリンスホテルにおいてのことである。発起人に滋賀県ろうあ協会の方々の名前があり、失聴者の杉田さんをめぐる会だから、何らかの工夫があるに違いないと思いながら出かけていった。

御席表をみると、私の面識のある方は二、三人で、聾話学校の先生や教え子がたくさんいらっしゃり、手話通訳者五人、要約筆記者二人の手配もある。私の隣席には、寡聞にして存じあげていなかった、品のよい婦人・川渕依子さんがおられた。肩書は手話通訳者・作家、となっている。

会の進行につれて、杉田夫妻に対する手話通訳者と、一般に対する手話通訳者の手の動きがにぎやかになる。

時々失聴者の嬌声が走ることもあった。川渕さんが、「自分の発している声が、聞こえないものですからね。でも、長い時間じゃないし、そばの聞こえる人が抑えてあげなきゃね」と、そちらをきっと見る。そして、「あの人ら、みんな身内と思っているから、せっかくの会にソソウのないよう、気になるんですよ」

会の式次第は、滋賀県ろうあ協会会長、木戸宇猪郎氏の流れるように美しい手話の挨拶で終わった。手をたてに振って波だたせるのが、それにこたえる拍手である。

「木戸会長の手話、あれがホントの手話なのよ」と、川渕さん。次の対談は、川渕さんにお願いしようと私の気持ちは動いていた。

『指骨』(一九六七年六月、新小説社刊)、『手話は心』(一九八三年三月、全日本ろうあ連盟刊)、『醜草』(一九九六年七月、手話サークル「かいつぶり」刊)

これら貴重本をお借りしてきて、息をつめるようにして読んだばかりである。「ろう」に対応する学校の苦渋の歴史をはじめて知った。あらためて先程の御席表をみると、杉田静山さんが長年勤められていたのは、滋賀県立聾話学校である。校長や教員の方の出席がある。

それにならんで滋賀県ろうあ協会の方々。杉田さんもその理事である。

川渕さんの本から、苦渋の歴史をかいつまんで紹介するのは任が重すぎるが、滋賀県立聾話学校は、近江八幡の豪商・西川吉之助が、聾の娘はま子に口話式聾教育の英才的訓練をすることによって目をみはるような成果をあげ、さらにその成果を宣伝すべく、はま子を連れて全国各地を講演してまわったことに端を発するのである。

昭和八年一月、文部大臣鳩山一郎は、全国聾唖学校校長会総会で、口話法を奨励した。読唇術が正規のものとなって手話は動物的ないやしいものとされた。滋賀県の聾唖は聾話と表示された。

ひとり、大阪市立聾唖学校校長・高橋潔は、手話を重視し、聴覚の程度に応じる適

性教育をとなえた。言葉や発音を重視する口話法より、情動から心に届く手話法が勝利するのは当然だろう。高橋潔校長を中心にして、今から六十年以上も前に大曽根源助（同校教諭）が、ヘレン・ケラーと約束してできた指文字が、全国的に用いられている。極端にいえば、西川吉之助は、全財産を投じて少数のエリートしか救えなかった。その学校では後に、ストライキが起こっている。その要求こそ涙ぐましいものだが、校長に対して「わかる訓話をしてほしい」というものだった。少人数に限定しても、校則である手話をまじえない口話など読みとれる限度を大きく超えていたのだろう。このストライキこそ、純粋な、人間らしいといってもいいものだ。

川渕依子さんは高橋潔校長の娘である。正確にいえば、母・醜さんの再婚時の連れ子である。詳述するひまはないが、手話を流れるような芸術性のある形にみがきつづけていた、お父さんの真髄を継ぎ、西本願寺の布教士をしていたお母さんの慈愛の心を継いでいるひとだ。

『指骨』で高橋潔校長の伝記を私小説的に書きつくしたことが、まわりを変え、自分を変えていった。表現とはおそろしいものだ。

「口話の西川、手話の高橋」と敵視されていた本拠地である、滋賀県ろうあ協会に無視されるのを覚悟で『指骨』を郵送した。それが杉田静山さんの丁重な返事で、予期せぬこととなっていることが判った。内容は一変していた。すでに何度か協会にお父さんが招かれてその美しい手話に接しており、口話も手話も指文字もまじえたトータルコミュニケーションを求める協会になっていた。

以後、川渕依子さんは生き方が変わった。父の遺品のテキストをたよりに、独学で手話を身につけ、杉田さんと当時会長の岡さんの要請でろうあ協会専任手話通訳者となった。びわ湖放送で「お茶の間手話教室」を実践した。自宅を中心にして手話サークル「かいつぶり」の会を作った。また、自分の晩年への念願としていた「帰依の会」を作った。聞法を手話通訳するのである。〈諸行無常〉は「いつも同じがつづかないこと」となる。この訳ひとつで依子さんの心がわかる。

1997・8・17

生かされ支えられて

作家

久保田暁一さん

■くぼた・ぎょういち
1929年（昭４）、滋賀県に生まれる。高校教師を経て、大学で文学を講じる。教育文化誌『だるま通信』主宰。評論集、創作など多数。高島町在住。

久保田暁一さんのお宅のガラスばりの戸は往来に面していて、お父さんの家業であった傘製造販売業の面影を残している。その名残を鮮明にさすかのように何本かの傘がおいてあるのは、父の意図に逆らって学業への道に踏み出ていった確執の跡を示すかのようだ。

「採算を無視して伝統工芸の美術品を作るつもりでもない限り、通用しない家業になってしまいました」

敷石を置いた庭を客間に案内されながら温和な言葉を聞く。テープに残っている声は、どちらも歯切れがわるい。私自身毎回テープをおこすごとに自分の声に歯痒さを感じてならないのだが、久保田さんの声も、まとまった論旨に到るまでは、「はあ、はあ」の一点ばりである。『だるま通信』のいたるところに口下手とあるのは、これだな、と思いながら気づくと、正確緻密な話題に入っておられる。

久保田暁一さんは、昭和三十三年四月に三重県立名張高校から、郷里の高校教師として帰郷して以来、郷里の地に骨を埋めるつもりで公開して恥じない生き方をしてきた人である。教え子からはじまって、地域の青年や誌縁のできた人たちに、教育上つきあたった問題や、教師も生徒も悩む低学力と非行の問題、宗教と文学と哲学とのかかわりかたなど、実践的な困難にひるむことなく、その渦中に入って、しかもそれを個人誌として発信しつづけてきた。

それは、三十歳の時の同趣向の「もぐらの会」から始まり、ハガキの『だるま通信』

となり、三十八歳の時から六ページタイプ刷りの月刊誌に切りかえられてつづいたのである。この抜粋が、『ある高校教師の歩み』（七六年）、『ともに生きる教育―教育とはなにか』（七九年）、『だるま通信二十年―ある愚直な教師のエッセイ』（八八年）、『近江湖畔からのメッセージ―だるま通信三十年』（九七年）などの本になっている。三十歳の青年教師は今、六十八歳の大学講師であるが、現在は『波濤―近藤重蔵とその息子』や『小野組物語』の小説家として知られるようになっている。非常勤講師となって時間の余裕もできるようになり、地もとにかかわりのあった日本の史上の傑物にねらいをつけ、あらんかぎりの資料を集めて、難渋しながらそれらを読み解き、当時に縁のある人に逢いにいったりして、それらの人物に自分を投影させるひそかな喜びをかみしめるようになっている。私とは一年年下の方なので、おおかたの時代推移を共にしながら、他人に積極的になれるか消極にとどまるかは正反対であった。仮に私が、肺結核で二十歳代後半を失わなくても、久保田さんのような人生を歩もうとも思わなかっただろう。

「実践人」教育研修会を主宰しておられた教育哲学者・森信三さんは久保田さんの師であったが、「だるま百号」の祝文で、もう一度やりなおしても君のマネはできない、とことわりながら「まことに君の生き方こそ、文字通り全力投球として、この二度とない人生を生きる一つの典範といって良いであろう」と書いておられる。その全力投球ぶりの一部を拾ってみよう。

〈私が受持った生徒たちは勉強の方はあまりできなかったが、クラブ活動に打込むバイタリティと団結力と行動力を持っていた。そして、背骨のない教師が授業に行くと騒いで授業をさせない、授業中に弁当を食べる、上級生が下級生をいじめると団結して喧嘩するというようなことがザラに起こった。だが、クラブ活動となると学校の中核となり各種の大会で優勝することが多かった〉

〈私は進んで柔道部の顧問となり、自ら柔道衣を着用して猛者たちと取組んだ。しかし、生徒に基本を教えて貰って生まれて初めて柔道をした私は、生徒に投げられて血がにじみ出ることも何度かあった。だが、私と生徒たちとは日と共に確実に結ばれて行った〉

こういう引用だけを読めば、金八先生のような涙とユーモアにみちた教師像が浮かぶかもしれない。けれども十七歳のおり、クリスチャンであった姉が夭折し、それを契機にキリスト教に関心をもち受洗。その後、学生時代の末期、自己変革にもがきながら、棄教しようとして、イエスから離れられなかった、という経験を経ている。

この経験が、久保田さんを椎名麟三や三浦綾子に具体的にも近づかせ、ボーダー・ラインにいる悩める作家たち、芥川龍之介、太宰治、カミュ、サルトル、ドストエフスキーなどの苦悶をわが苦悶とすることができたのであろう。椎名麟三が、世の事物の一切のものを絶対化することを拒否した視点から教えられ、挫折や苦しみを絶対化せず、転んでも立ち直れるのだ、と『だるま通信』と題した通信を続けてきた。それは、我を撃ち他を撃つと同時に、我をも他をも応援できるものが、言葉以外にはないと知悉してきた作家であり、評論家であるからだ。

でも、この間、文学上の志が失速するどころか、ふくらむ一方であると聞いたのは感嘆のいたりであった。近くに歴史上の人物の鉱脈があるので、どう掘りさげるか、だけです。原稿用紙十枚位に、びっしりとその人の年譜が書きこめれば、ときめきますね。でも、きばって書いたつもりでも、もう一冊分か二冊分の書きのこしがあって、臍（ほぞ）を噛みますなあ。

おいとまするきわに、ホゾと明瞭に発音されたのが印象に残った。

1997・9・14

逆境つづきの食文化の維持

鮒寿し「喜多品老舗」店主

北村眞一さん

■きたむら・しんいち
1938年（昭13）、高島町に生まれる。老舗の「喜多品」を継ぎ、第17代当主。高島町在住。

「矢橋の人工島ができましたね。それ以後そのあたりの環境がかわって、フナがあぶない、という声がおのずからあがってきたんですわ。それでBBCが企画して、私の所にもその取材がきましたし、守山の下新川神社での五月五日のすし切り祭の風景や、守山漁港でのせりなどが写しだされました。今もそのビデオを保存していますが、その時の一声が、かつてないショックでした。〈五千五百円〉というせり値があったのです。私たちの仕込の値段は当時キロ二千円です。情報のひろがり方はあっという間で、翌日の毎日新聞ではそのまま報道され、十日程あとにはNHKで、キロ六千円と、女の子のアナウンスでいわれてしまいました。地団駄ふんでもその地価で定着するのが時の勢いでした」

「時期をあわせるかのように、東京日本橋の高島屋で毎年二月、近江展（観光と物産展）が開かれており、来年で十回目になります。はじめは大好評でしたが、三倍もの値段で、ナマの価格が定着しては、勝負になりません。

そこで担当の食品部長と相談して、着物を着たお茶子さんを用意していただいて、うすく切ったふなズシと刻み塩コブ、トロロ昆布などで『お茶漬け』にして、お出しするようにしたら大受けでした。口コミだけでなく、国内線の航空機のなかまで宣伝がゆきわたっています」

こと、ふなズシに関して、三百八十年の歴史をもつ喜多品老舗の北村眞一さんは、熱弁家であり、研究家である。先祖は元和五年、伊勢上野から移封されてきた二万石の大溝藩主のお供の人（三十数人）のひとりで、賄（まかない）方をしていたらしい。北村眞一さんは十七代目のふなズシやさんだが、大正五年頃の貴重な写真を残しておられる。今も中町通りの中央を割って流れている堀割があり、その川をはさんで、百匁（もんめ）のフナを百貫漬ける桶二十ばかりを配し、お祖父さんや手伝いのおかみさん連中が作業している。最初の段階、つまり塩切りの作業で、ウロコをとり、血を抜き、卵をきずつけないように、エラからまな箸ではらわたや浮袋をとって塩漬けにしている所だ。

別の写真もあり、藁（わら）屋根の隣の瓦ぶきの料理屋兼ふなズシ屋の家屋を伝えている。分部（わけべ）城（大溝城）の最後のお殿様は、お酒が好きで、この二階で芸者をあげて酒盛りをしていたということで、当時の酒のたのしみどころと、酒肴として欠かせぬふなズシとのつながりをも写している。

おとうさんの代から喜多品家は、琵琶湖のニゴロ（似五郎）鮒一本槍でまがい物は一切やらなかった。夫人は京料理の上手な調理師で、結婚してから妻の料理のせいか肥えましてね、とおっしゃる。独自の割烹着姿がよく似合っていて押しだしの効く人だ。

家の構え、看板、古い柱、みないい。古風な品格がある。販売用のふなズシは真空密封されてガラス戸のなかにおかれていた。かなりの量にみえた。六千円、八千円、一万円という値札が無造作に貼ってある。最近町なかで見慣れないので、おおっとい

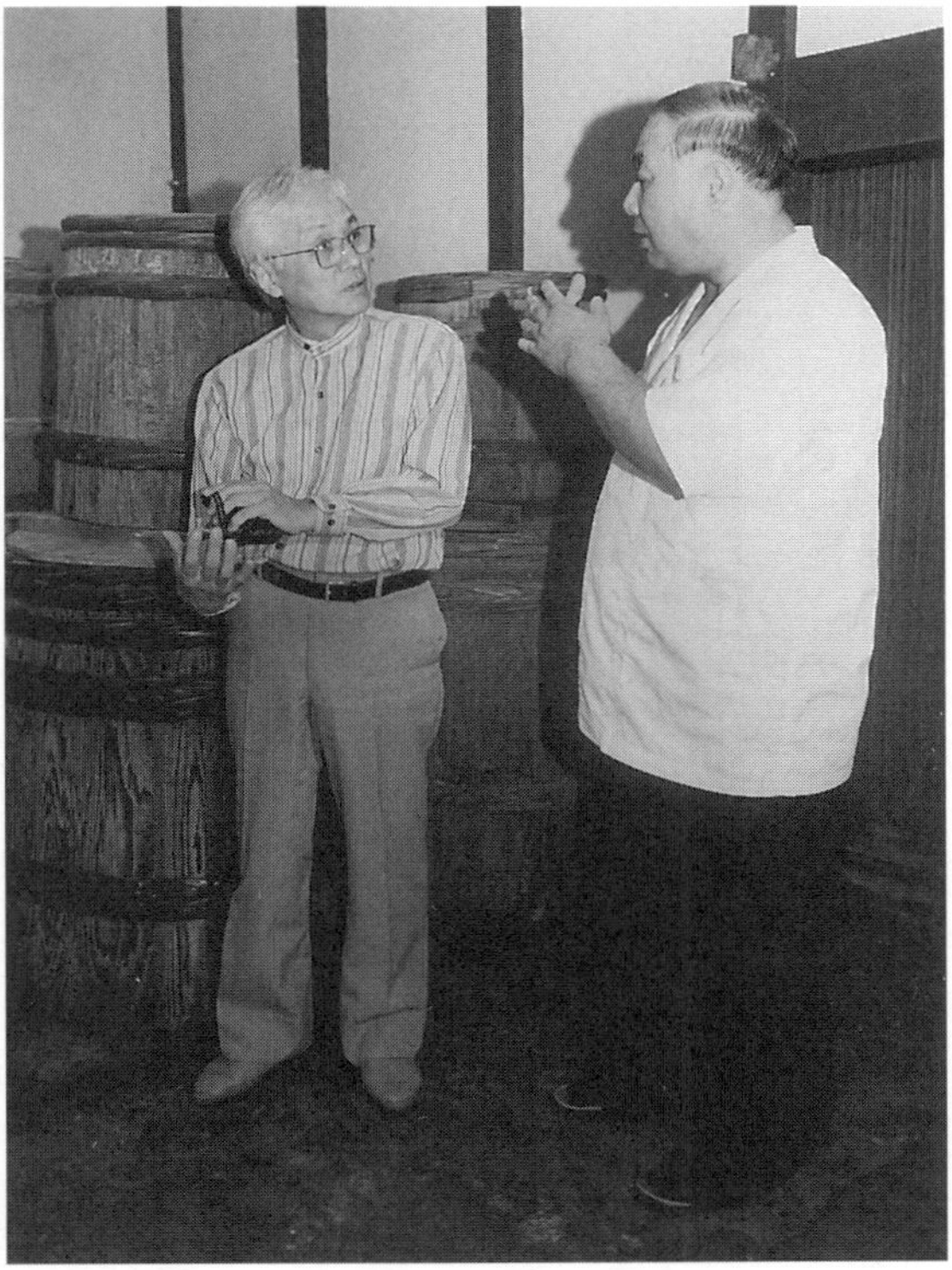

う気がした。
真空密封をはじめて見たのだが、あの臭いとあわせ考えると、だれでも、なるほど、とか、やったな、とか感じるだろう。だが、この密封機はおとうさんの品二郎さんが、昭和三十五年に高島町までセールスが立ち寄った際、すぐに買われたそうである。先見の感どころだろう。今五十九歳の眞一さんが三十二歳の時だ。直感的に、「自動車より高い！」という思いが走った。これも言いえて妙。時代感覚としての対比にピタリとはまっている。
だが、この密封のおかげで、日本橋高島屋の近江展に出品しても、苦情がでないそうである。においが漂いだすと、先ず苦情がとびだすのが日野菜などの漬物屋さんだという から、これは苦笑まじりの同情をせざるを得ない。

それにしても今年は不漁で、したがって仕入値が高く、老舗を誇るさすがの北村眞一さんも仕込量をひかえてしまわれた。すし部屋にも案内していただいたが、本漬けのすんでいる桶は、部屋の一部にしかなく、空桶がうつ伏せられて遊んでいる。

「フナが百匁（三百七十五グラム）位に成長して、漬けこむとおいしいふなズシになります。それには三年かかる。だから漁するのも、十五センチ以下は捕ってはならないことになっています。三年前といえば、皆ご存知でしょう。異常渇水で、敬老の日の琵琶湖の水位はマイナス一二三センチを記録しました。フナの稚魚が岸べによれずに成長できなかった結果がこれだろうというのは明白です。さて、来年の相場はどうでしょうね。

世界的に魚類の卵は珍味です。キャビア、メンタイ、カラスミ、カズノコ、スズコ、美味で、少量でも栄養が豊富。私は卵のしまった時期のニゴロブナしかあつかいませんが、美味しさについては、世界で最高の味と競っている自信があります」

夫人からお茶漬を馳走していただいた。賞味の経験にはうとい方だが、二、三片のうす切りのふなズシがコブとマッチして、豊潤に口腔を刺激した。「うまい」と声がでてしまう。

1997・10・19

見抜く感動

肉牛を経営する詩人

竹内正企さん

■たけうち・まさき
1928年（昭３）、兵庫県に生まれる。1967年（昭42）、近江八幡市大中の湖干拓地に入植。肉牛経営者。詩集『地平』で第24回農民文学賞（1981年）を受賞。

竹内正企さんは、兵庫県中町の出身である。山村の棚田で、米と煙草を栽培していたが、ふるさとを貯水ダムに水没させられたのを機に、近江八幡市の大中の湖干拓地に移住してきた。昭和四十一年仮入植。四十二年入植である。竹内さん三十八歳の決断である。

当時は、農林省も県も、過大な期待をこの干拓地に寄せていたに違いない。補助金も惜しみなく出していたし、入植者も実験農場の尖兵たるべき挺身をしていた。

昭和四十三年竹内さんは四人共同で十六《ヘクタール》の田に、チャーターしたヘリコプターで籾をまき、農薬を散布し、幅四・二《メートル》の大型コンバインのクレイソンで刈りとりをするというアメリカ式の農業もやっている。結果は、一反に一俵以上のロスをだす粗放農業として沙汰やみとなった。

石ばかり出てくる痩地とはちがって、広大な沃野である。豊作つづきなのはよかったが、落ちつくひまもなく減反政策がやってきた。

農協の理事を六年して、減反先どりの西瓜でヒットをとばしたこともあったが、昭和四十六年から本格的に肉牛を飼いはじめた。生活圏をはずれた広大な田畑のなかに、今は二百頭を飼育する牛舎がある。かなり強烈な臭いもここでは放散される。百頭からはじめて、家族で無理なく飼育する限度をこのあたりと見定めてきた。

「安い牛肉の輸入の問題で、国中がゆれた時があるね。あの頃、東大教授の某氏と肉牛の展望について論争したんだ。彼は、これからの日本人は必ず赤肉志向になって、大量に食べるようになる。だから大農場飼育で牧草を中心に食わせるのがいい、という。それに反論して、脂肪交雑（サシ）を好んできた日本人の味覚は、そうかわるとは思えない。それに人件費がかかり、場所をとる飼育などは輸入肉との値の対比できるわけがない。家族経営で餌の調節によってサシの入った肉を作るべきだよ、といってやった。今になってみたら俺の勝ちだよ。ここでも農水省のすすめに従って、粗飼料の大型サイロを補助金で作って、それをかきだすのにまた金がいって、コスト倒れになった経営者がいるよ」

こんなふうに書けば、竹内正企さんは豪胆な人柄とうつるかもしれない。だが、言葉づかいはぶっきらぼうだが、根幹にはアートに魅入られてしまったこころが巣くっている。彼は、入植以前から詩を書いていた。肉牛を飼うようになって七、八年目には、牛の一挙一動が竹内さんの目に焼きつけられて、詩集になった。すなわち詩集『地平』であり、詩集『定本・牛』である。『地平』は昭和五十五年度の、第二十四回農民文学賞を受けた。

牛は出荷の後のわが運命を知ってか知らずか、出荷におびえる。その予見に対決する人間は非情な経営者でなければならないが、詩人・竹内正企さんは、さらにふみこんで、目をそむけずに見てしまう。見る残酷に耐える。

出荷の牛が動かぬ

押しても引っ張っても牛房から出ない
背や尻をなぐると肉質が落ちるので
鼻と角と尻尾を引張る
牛は　便をしびり　しゃがんでしまう

トラクターで引張る
鼻が裂ける　尻尾が折れる
どんな拷問でも堪えるしぶとい目つきだ
牛根性には叶わぬ
ショベル　で吊り上げて車に乗せる
七〇〇キロの肉塊が涙を流す
（「牛根性」全行）

美文ではこの事態に対応できない。見たままの動詞をぶっつけて即応させる描法しかない。読者の感銘を作者は予想していない。ただわが身をさらして人間の行為をつきつけている。いままでの受賞作品は小説が主であったが、こういう衝迫力は、特に異色であったにちがいない。

現場の牛舎は静かである。野良猫が四、五匹、舎内でたわむれている。牛とは仲よしで、牛のえさ場に残飯を放り込んでやると、牛は寄ってくる猫を舐めまくり、猫も恐れる気配はない。

小型の飼料用タンクが三カ所に据えつけられている。輸入もののとうもろこしや麦が入っている。これにフスマなどをまぜてやる。毎日の毛なみの艶を見ているので、カンで、とうもろこしの量などを加減する。

哺育一貫経営で素牛作りをしてきたのを、この秋から息子夫婦に子どもができたのを機にやめることにした。百キロから二百キロの素牛を仕入れて、七百五十キロぐらいでせり市にだす。搬入される牛の頭数やせり客の多寡によって、その時の相場で損をすることがあるが、連れて帰ると、十キロはやせるので、たいてい売り切ってしまう。生体で、サシの量を見抜く現場の人の目ききにはかなわぬという。どういう餌が不足しているかまで言いあてるという。

竹内さんは自分でも絵を描くが、大の美術好きだ。余暇があれば、そういう人たちと接触している。どこかで家業の酷薄さとの目の融和をはかっているのかもしれない。

1997・11・9

情念のシンボル化

画家　阿波連　永　子　さん

■あはれん・えいこ
1945年（昭20）、宮崎県に生まれる。３歳から18歳まで沖縄県那覇市で育つ。滋賀県美術協会会員。京展特選４回、新制作展出品、ほか略。永源寺町在住。

「七年ほど前に、ニューヨークに出かけて一度はホームステイで一カ月、二度目はルームメイト三人で部屋を借りて三カ月、マンハッタンのニューヨーク大学の前のわいわい人の群れるワシントンスクェアに、スケッチブックをかかえこんで、クロッキーを描きまくりました。その風景がからだ中に沁みこむまで。私はひとりの黒人と友人になったので、なにか起こりそうになると、彼女は夫もちだとかばってくれたのですが、みんな根のところでは本能がムラムラしています。待ちかまえています」

「いまはニューヨークシリーズをやっているので、モデルは使いません。私の描きかたは一種のアクション・ペインティングで、バケツやブラシやチューブでいろんな色を流したり、ぶちまけた色のしみを前にして、あの時の体験が凝然とたってくるのを待ちます。その色のカオスは群衆のエネルギーに変わります。色の洪水。そうホモパレードといい、人種のるつぼのなかのそれぞれの肌といい、衣服といい、むきだしのキス行為といい、体臭といい、私は日本の女シリーズで壁につきあたって、ここにきて、こうした無秩序な色の猥雑さのなかで解放されたんです」

阿波連永子さんを紹介されて、予備知識のなかった私は、ちょうど十一月かかりの日に京都市美術館で開かれていた新制作展を見にいった。

なるほど、会場では阿波連さんは異質だった。黒人の男が白人の乳房をわしづかみにし、その淫らな欲望にもえた目は、昂奮のあまり数個の円となって肌をなめんばかりに見廻している。欲望の対象となっている白人の女も蛇の性さながらの舌をつきだしている。タイトルは「Ｉ　ｌｉｋｅ　ｙｏｕ」だ。すぐにはそのタイトルは結びつかなかった。これは放恣そのものの肉欲じゃないか。絵がみてくれとつきつけるものは、大衆の陽気であらわなｌｏｖｅ感覚じゃないか。

だがお逢いしてからの阿波連さんは、「私」の立場を固守するのだった。暗いイメージがみじんもないエネルギーを抽出して、私は「Ｉ　ｌｉｋｅ　ｙｏｕ」といっているのです。

私にとっては題の弁明はどうでもよかった。ピカソのように視線でぐるぐる巻きにしようと、舌が細火のねじた燃焼になろうと、感覚的エネルギーの鏡ではないか。

さて阿波連永子さんは、木工作家の渡辺徹夫さんと永源寺の奥の茶の産地政所に住んでおられる。茶工場をアトリエにしたり、工房にして、何軒か借りておられる。見事な別天地で五年になる。ご主人の工房には阿波連さんの小品の作品にあわせた独創的な額縁がおいてあり、取材にきた私に、たちくらみの感慨を誘ってくる。であった材料と特注のノミとの勝負が、ひとつひとつの作品にあらわれている。脱サラだといわれるが、夫人の作品にホンモノを感じる感受性があってこその、愛の棲家であろう。

阿波連永子さんは沖縄育ちの人で、初めの電話の声からテープに収めた声まで、一様に透んでいて透明感があった。逢っただけではサラッとした絵の質が予想されるが、そうではない。「裸婦」（Ｗｏｍａｎ）に年期をかけているが、ニューヨークに行くまでの本格的形成は、自分の内部にもいる究極的な女の追求にあったのだろう。これは

今のシリーズのように原色の氾濫どころか、ある単元にむかってひたすら内向する質のものである。この時代のもの、その過渡期のものを緻密にみたいが、画集にまとめられるまでは、無理だろう。だが、ここに京都の神宮道にある星野画廊の「阿波連永子個展」の案内状がある。一九八四年、十三年前のものだ。タイトルは「女　二人」。茶、藍、白、墨、こういう色質が成層されて女体らしいものが浮かんでいる。陰部は削られた白か貼られた白だ。作者に聞いてみると肌は琵琶湖の砂などを利用しているらしい。たいへん目利きの人だと思っている画廊主が添えている文の中に、

〈すばらしい作品との邂逅はいつの時代でも不思議

なものである。無名の新人・阿波連永子の作品についても例外ではない。私はその出合いを大切にし、自分の直感を信じて個展を開催する。ひとり善がりかもしれないが、そうさせる何かが彼女の作品にはある〉

という行がある。たしかに目をひきつけてやまないものが、この背をそらした二人の座像にはある。空白の陰部をつきつけるようにすわっている。

この絵は第九回京都画廊フェスティバルのために星野画廊の選抜した作家展だが、他に観にきた東京の画家や評論家が、口々に、京都にきてみるもんだね、ホンモノにぶつかった、と呟いた。そのフェスティバル賞を京都ではじめて受けている。

その時にはもう、京都朝日カルチャーセンターで、新制作の重鎮・桑田道夫先生の指導をうけていた。モデルをおいて、裸婦のクロッキーを、ためらいのない線画で一瞬の勢いで描いたうちの、よりすぐりが箱いっぱいにあった。線といえども、肉があった。女の屈曲があり、エロスの重さがあった。黄や青や赤の一点の色を置くと、クロッキー全体がうごいた。不定形の和紙を用いている。

「クロッキーを見ると、単純に才能が伝わってきますね」

というと、はじめて阿波連さんに羞恥の色がうかんで、返事がとまどった。

「あ、いけないことをいいましたか」

「いいえ、光栄です」

1997・12・14

木そのものの美

木工作家

渡辺徹夫さん

■わたなべ・てつお
1945年（昭20）、奉天（現在の瀋陽）で生まれる。大阪工業大学短期大学部建築科卒業。民間の会社の営繕（建築担当）関係の仕事から脱サラをして、現在木工作家として自立。永源寺町政所に工房を開設。

十一月に、渡辺徹夫氏夫人・阿波連永子さんの取材に、この政所を訪れた時は、道中豪華ないろとりどりのもみじに喝采されるおもいだった。ひと月の余もたつと、ものみなの影に蒼冷な重さが加わっている。

「雪にならなくてよかったですね。ここらは一度ふりだすと五、六十《セン》《チ》つもるまで許してくれませんからね」

と渡辺徹夫さん。

鈴鹿山地のひえ通るなかでのこの人の長身は絵になる。百九十《セン》《チ》。中学校以来負けたことがない、といえばこれだけでしょうか、首ひとつ抜けていましたからね。よく響くいい声で、木工について話される理路にも、きちんとした選択があってずれない。私の方はちょっと体調をくずしていて、声も冴えない。だから、渡辺さんが、夫人のアトリエと自分の工房のための広い空間を求めて、五年前に近江八幡からこの地へ移ったことを話されると、なんだか冷えつのっていくような気分にさせられる。

「二十年間無住だった家なんですよ。サッシを入れるまでは、ぼろぼろの板戸と紙障子でしょ。私は高校時代は登山部で、冬の雪の山中は慣れていますが、すきま風ほど寒いものはありませんね。囲炉裏でマキをぼんぼん燃やして、さらにストーブをめぐらせても、寒くってふるえてくる。改装の時を惜しんで、まず引越してしまえ、とそっちの方を先行させてしまったんでね」

サラリーマンにしかなれっこないと思ってきたそうである。建築ブームの時代に、現場監督をしていた。突貫工事で、人は、何時間の残業が可能かなどということが、まともに考えられていた時代である。十五日で百五十時間の残業をし、とうとう限界を感じて一週間の休みをもぎとると、その五日間はパジャマ姿のままひたすら眠ったという。

画家の阿波連永子さんとのであいが、結婚になったことについてはためらいがない。そのときの夫人の絵が何ものの拘束からも自由であった、と目に映った。アーチストを見た。

「それだけは、女房には勝てません。女房は感性のままに赴けばいいのですが、私の方は手先の器用さを蓄（た）めておいて、ていねいにこつこつやるしかないですね。サラリーマンからいきなり木工作家へ脱サラなど！　とんでもない。ずっとアルバイトをしていましたよ。小学校の頃からソリッド・モデルに夢中になって、船の模型など作っていたのが素質といえば、素質でしょうか」

「はじめは流木などを拾ってきて、女房の山野草の写生や裸婦のクロッキーにあわせた額などを作っていたら、意外と評判になって売れたんですよ。でも流木には限度がありますね。アフリカ人や東南アジア人の彫刻は、用途から入っている。単純明快な美しさがあってかないません。私たちは、こだわってないつもりでも形から入っているんです。せめて木そのものの持つ美しさを最大限いかしたいですね」

女の子が二人いて、もう成人して勤めをもっている。その一人は、半年かけてタク

ラマカン砂漠を横断したと聞いている。

剛毅な一家だ。

工房にオハグロトンボの巧妙な木彫り細工が吊されていて、渡辺さんが中学校の時昆虫採集部にいたという観察眼がみえる。黒檀の木地のままで、糸で泳がされている。そういえば、シボリアゲハのブローチもあった。これはけやき材だったか。こういうユーモアのみえる繊細なものと、椅子、テーブルの野性的な味趣にみちた家具などが混在している。椅子は座部を、木目をあざやかにふきうるしで仕上げ、まわりは皮目をそのままに残し、穴のあいている部分も野趣の一部である。背板にも、楽師のように気どって細長く直立しているのがある。

この夫婦を愛して、新築の家のための絵とテーブルを注文してくれた客があった。沖縄の方である。絵はニューヨークシリーズの一枚。夫婦は連れだって、岐阜の材料屋さんに走り、これしかないという、欅板を選出し、夫人は一〇〇号の絵を仕上げた。搬出には、いろいろ面倒もあったが、行きたいのも手伝って、二人ともどもフェリーではこんだ。居間にはぴったりのものとなって、喜ばれたし、夫婦にも満足のいくものだったという。脱サラをして、経済的には不如意になった。覚悟の出発である。だが、こういう予想しえない喜びを〝ふたりで〟味あうということはなかった。

つづけてこのご夫妻を取材したが、こんなに素直に語って、ヤユの感情の出ない夫婦ははじめてである。京都の名詩人天野忠夫妻のこまやかな愛情は、ことあるごとに書いてきたが、あの夫婦の会話なり詩に出現するヤユは、一種の含羞で、ヤユ自体が愛の比喩のようなものだった。だが、渡辺・阿波連夫妻は、作品的にも年齢的にも、折り返し地点に達していない。ヤユのムダなど考えてもいない。

「お嬢さんたち、寒冷の地への引越しに不平を申されなかったですか」

「うちは、女房の絵の仕事が大前提ですからね」

1998・1・11

古木のいのち。深さ。

木工作家

澤井泉源さん

■さわい・せんげん
1951年（昭26）、志賀町で生まれる。古木や廃船材を使った木工作家として自宅に工房をもつ。各地で「古木の仕事展」をひらく。志賀町に在住。

湖西の志賀町がどういう風土で、どういう気骨を育てあげる土地であるのかは知らない。私のお逢いしたかぎりでは、寺川庄蔵さんや田中稔さんがおられるが、わが志に対して不退転であった。木工作家・渡辺徹夫さんの推す澤井泉源さんも志賀町の人だ。ものつくりの人の推薦状はひとことできまる。たいてい「おもしろい」である。作る物のおもしろさである。

一月はじめの出逢いはスムーズにはいかなかった。既に、西宮市のアート・スペース「森羅」で、十三日から二十五日までの「澤井泉源・古木の仕事展」が予定されているのだった。電話をして、その作業中であるのを聞いて、こちらもすぐに切りかえた。原稿のしめきりには苦しめられるが、作品をまとめてみせてもらうチャンスである。ダ・ビンチではないが「見ることは信じること」だ。十三日のオープンをみて、翌夕刻、ホッとしているご自宅を訪ねよう。これは承諾ねがえた。地理オンチの私は、阪急沿線の西宮住まいの詩人の友人に苦楽園口の乗りかえ場所の詳細をたずねたところ、頼りなしとみて案内を買ってくれた。彼女が美人であることは、純粋に余得である。

なぜ、関西の会場で、と聞くのはやめた。私たちは搬入を終えて一息ついたばかりの所へうかがったので、まだ値札もついていなかった。友人かファンか見分けのつかない人でごったがえしていて、書家らしい女の方は、気楽に店頭に出す文字を引きうけていた。書きおえるなり、三点の作品を押さえるのをみて、これは大阪の風土だな、と思った。滋賀だったら心のなかでもっと値踏みをするだろう。泉源さんも、展示が終わってから自宅を訪ねて買いにくると話していた。

　初の体験だったが、ぐっとくるものがあった。そこに展示されているのは、時間に晒されてきた材料ばかりである。テーブル、椅子、棚、フレーム、花器、メルヘンの町に立っていたような電柱と、入手できそうにない古い笠。金具も古い器材の転用だ。廃船材と判るものが多い。これらを再検討できるのは同行者がいいカメラでこれらを撮ってくれていたからだ。「森羅」のスタッフは、キャッチフレーズとして、「記憶の彼方から」とか「廃船材に宿された時の温もりが今、蘇る」という言葉を考案している。適切だ。そういう修飾語に澤井泉源さんが感謝していても、加わることはない。彼が記憶の彼方を呼びもどすのは、その廃材の洗い方ひとつにもあるような気がする。奥の奥まで入りこんだ船釘を抜き、それを使って再構成する。かつて実用として不可欠であった痕を、それと判りながら記憶の奥行きとしておさめるようにする。こういうことは、材質のもつ可能性を極めたアートであろう。オブジェとしての作品より（とは言っていない。私の想像だ）テーブルを作ってから人気がでた、と洩らしたのを、私は写真で納得した。このテーブルしか似合わない部屋がある。長椅子にしてもそうだ。公園のベンチを思いうかべるだけで、人間というものは想像力で坐るのだと思う。泉源さんの椅子は気を許す椅子だ。材質への愛が伝わっていて、あたたかい。

　翌十四日午後六時半にお宅にうかがった。まず工房を拝見した。泉源さんは、今あ

るべき工房を語るのだった。

「できたら、古木や廃材にとりまかれていたいんやけどね。誰彼を問わず、そういう情報を頼んでいるけど、そういう材料そのものが払底してきたね。父隆一（たかいち）は茶の道具づくりをしていて、京都寺町におさめる仕事も継いでいる。ぼくの仕事は半々なんや。古木なら、同じ作品は二つとないから、自由でおもしろい。

昨日の展示会、ちょっと厚板の右上端を長方形にくりぬいたフレーム、あれに人気が集中して困ったわ。同じ材料ってあらへんもん」

澤井泉源さんは、ぶっきらぼうさと繊細さが同居している性格のように思える。ものづくりが好きで、お父さんの仕事を見様見真似で継ぐようになっ

「教えてもろうたことはないな。教えられるのは嫌いやし」

お父さんは故人である。居間に通されて、廃船材のぴったりするモデルルームは、この部屋だと気づかされた。違和感が全くない。絨毯の上に廃船材のテーブルをはさんで長椅子がむかいあっている。百年はたった家屋だと聞いたが、天井には、細竹が美しく並列されていて、上下で親子のいわば守旧性と創作性が競っているようにもみえた。泉源さんの創作性は船板結界のような茶の道具がヒントになっているので、対立とはいえず、伝統の規格に関する意見のくいちがいだろう。お父さんの仕事に関しては、何も言及しなかったが、十年前から始めたという古木の作品までには人生観を含めて泉源さんの自立の決意があったにちがいない。口先だけで意見をかわすのは嫌いなようで、「うんうんうん」というなづくか、「そうそうそうそうそう」と早送りするかが多かったが、茶道具の一例として居間にあった置き水屋にも、創意工夫があるのだったが、

た。

「型にはまったものを、ちょっとかえてみたら無茶苦茶おもしろなるんやけどね。そしてそれをわかる人もぎょうさんいるんや。大切に使ってくれて、使い慣れで作品が安定しているのに時々であうけど、それが嬉しいね」

1998・2・8

立志のほそ道をつらぬく

仏師　樋口広明さん

■ひぐち・ひろあき
1951年（昭26）、広島県尾道市に生まれる。高校卒業後、仏師になりたい志を持ち、京都の深田宗山師の内弟子となる。10年で独立。1981年（昭56）、志賀町に転住。工房をひらく。

オリンピックで、こぶ（モーグル）だらけの急斜面を猛スピードで滑降するスキー競技をみたが、七位の上村愛子が十八歳であることが気にかかった。別に、一位の里谷多英の二十一歳でも大差はないが、十八歳といえば高校卒業年代である。歳のことに、あまりこだわりたくないが、七十歳という馬齢を重ねてみると、私も辿ったに違いないその年代が、ひどく遠景にみえ、選手の成果も煙幕のなかのように思える。ヒトの成長は十九歳の骨年齢で完成するそうだから、スポーツの花はそれでいい。

私たちにとって、十八歳は立志の年代であった。そして、今度湖西の志賀町に訪ねてお話を聞いた樋口広明さんも、十八歳での立志を現実化した人であった。それを聞いて、ここしばらくこころの水面が波立っているが、現今の希薄化があるからだろう。

工房の入口近くにお寺からの注文である欄間が置いてあった。飛天の天女の顔の彫りだけで、あ、プロだな、と思えるほど品位があったが、さらに聞くと、仰角三〇度の視線を計算に入れており、金箔の仕上げがあるとのことだった。

樋口広明さんの経歴は一直線で単純だ。小学生の頃から、マンガや似顔絵かきの得意な人気者で、尾道の高等学校を出てから離郷、岐阜で掛軸屋に住み込んで、二ヵ月間軸用の絵を描いてきたが、断念して京都に出た、という。そんな仮寓のことは、飛ばしてしまえば、というと、そこで夫人との縁ができたそうだから、十八歳の起点はあながちズンベラボウの単純さではない。

万博の年、昭和四十五年（一九七〇）六月のとある日、樋口少年は生まれてはじめての京都駅頭におりたち、京都タワーの展望台にのぼった。

立志の具象性はここからはじまるが、見おろす視野のなかで一軒の仏具店をえらび、番頭さんに、内弟子として入門できる仏師を紹介してくださいと頼んだのである。

九条山の松久朋琳師に、今アキがないからとことわられたが、気さくな師は、自ら京阪電車での案内にたたれ、山科の深田宗山師のもとに連れていかれた。

少し時代がかった言葉だが、「立志」とはこういうものだろう。樋口少年は同門のなかでも最も長い十年の内弟子生活を経て、独立、三十歳から自分の工房を求めて志賀町に転住する。

「昭和二十六年（一九五一）生まれだということですと、いま、四十六歳。じゃあ、十六年ここでの暮らしになりますね」

「え、ええ、十六年、いやあ、そうなりますね。もう十六年もたっているんだ」

目をみはる顔になった。内弟子時代は三千円の小遣いを皮切りに、千円ずつふえていったそうだが、ノミ代やラーメン代にそれをあてる時の切実さは、まだ昨日のことだ。

内弟子時代に結婚して、十九歳を頭に三人の子どもさんがおられる。本棚には、基本的な仏像彫刻の教典として、松久朋琳・宗琳親子共著のぶあつい三冊本が並んでいる。結婚祝いとして、兄弟弟子たちが金をだしあって贈ってくれたものだ。

独立してからの時間は疾走感覚ですぎたということか。

話題は当然のように、私の友人の仏師山本紀康さんのこととなった。彼は旅の途次に上丹生の橋本彫刻所を見かけ、高校卒の年代で住み込み十二年の修業をした男である。松久朋琳師の晩年の内弟子にもなっている。運命のめぐりあわせによっては、樋口広明さんの兄弟子の可能性もあった。いま彼は、鳥取の倉吉市に収仏庵を建て、千体をこえる自作の仏像を収納し、拝観人に開放している。

収仏庵のことを聞いて、樋口さんの顔が、みるみる羨望の色に火照ってきた。立ちあがって隣の間の押入れから大切に保管された木箱をおろし、工房に長机を置いて陳列しはじめた。孔雀明王。琵琶を奏でんとする天女。行方を見さだめている昇天寸前の龍。縄文期の少年。飛天。材質はヒノキ、サクラ、クス、緻密な細工である。素人目でどうのこうのとはいえないが、みごとな作品だ。どの作品にも創作的な要素があって、模刻にはない活性を伝えてくる。

その中の飛天は、ひれをなびかせた天女と、天女を宇宙に支える軸棒と、雲とも大地ともとれる底部との組みあわせであるが、細部まで彫りこんだ花束を持ち、祝福のためにまかんとしている。軸棒や大地に花弁が舞い、その律動まで伝えようとしている。三ヵ月間深更まで打ちこんでいたそうで、夫人が、「これは、ほしいとよくいわれたね」といわれる。

「山本さんの収仏庵の気持よく判ります。ほしいといわれると、入れこんで作っていた気持がよみがえってきて、手ばなしにくくなりますね。でも内弟子時代の没頭と家族を養うこととは両立しにくいですね。そういう言いわけに凭（もた）れて怠けているところもありますが」

樋口広明さんは、内向的で、まだ看板もあげていない。無名である。夜になって、渋滞する湖西の雨の道を辿りながら、展示させる場がほしいものだな、としきりに思っていた。一目で有名になる人だろう。

1998・3・8

叩きあげ人生

錺金具師

酒井　清さん

■さかい・きよし
1924年（大13）、野洲町に生まれる。伯父や父に師事しながら、錺職の技術を極める。1965年（昭40）より、国宝や重要文化財建造物の錺金具の製作および修理に従事する。その功績により、1995年（平7）文部大臣表彰（地域文化功労者）、1996年（平8）黄綬褒章受章。野洲町在住。

兵役の時期を除いて小僧の頃から叩きあげの錺（かざり）職人を通してこられた酒井清さんは、七十四歳の今、三年前に新築なったまばゆいばかりにきらめく神仏具店の本社の一隅におられた。まだ充分に現役である余裕で、所作が若々しい。京都の伯父や父が師であったので、他所の方言のまじらない自然流露の地もとの言葉である。流れ者の私にはそれがここちよい。

平成七年に文部大臣表彰（地域文化功労者）、平成八年に黄綬褒章を受賞されていて、その祝賀会のパンフレットがあった。私のような初めての取材者には、仕事功績といい、来歴といい、もってこいの理解しやすい内容だ。

「いただけますか」というと、「まだようけ余ってまんね」と受けられる。ケンソンでも、テライでも、ハニカミでもない。叩きあげの腕が笑いながら、のべる言葉である。

酒井清さんは神輿や仏壇を中心に、あらゆる神仏にかかわるものを設計し、最終的に仕上げる錺屋さんである。工場も二つかかえていて、同業者の子どもさんが、大学出で弟子入りすることも多いが、よほどの興味がなければ、辛抱できない御時世である。ただ、子息の清裕さんが滋賀大の経済を出ながら、錺職の技術にも長じてきて、後継者として育っていることは父子相伝の恵まれた例としかいえないだろう。

「三年や五年そこらは、何してるか判らしまへんし、うちでも教えている間は、わずかな小遣いで使いたおすしかありまへん。そんな子が、すけのうなりました」

酒井さんが大をなすのは、兵役から復員後、父と野洲町で神輿屋を開業し、父に師事しながら、父を凌ぐようになり、昭和四十年から国宝や重要文化財建造物の修理指定業者となって、その卓越した技能と正確な施工に高い評価を受けてきたからだ（パンフレット参考による）。日吉大社とか園城寺とか彦根城とか五十棟余りの錺金具の製作修理などをいろいろひき写すより、私たち素人には、彦根城の金の鯱（しゃちほこ）の改修も、この人の手になったのだと知る方が具体的である。

平成の大修理の一環のひとつとしての鯱も最近の具体的なニュースだが、酒井さんの手もとには、この不景気な時代に逆行するニュースがもうひとつある。これも、酒井清さんの手もとにあった昨年六月の京都新聞の記事のコピーから承知したものだが、酒井さんが、岐阜県高山市の庭石会社から、日本一の神輿を注文され、重さ三トン、製作費一億円の神輿を三年がかりで完成させたという内容だ。マルウツシになるが、この神輿についての記述は省くことができない。

〈製作は酒井さんら約二十人が担当。八角形で本体は木曽ヒノキ製。高さ約四・六メートル、胴部分の最大幅三・三メートル、全長七・六メートル。担ぐには最低百人は必要という。本金箔（ぱく）の八角屋根と、下地から幾層にもうるしを塗り込めた胴、台輪の部分からなり、随所に金メッキを施した龍や鳳凰の銅板飾りをあしらっている〉

これを読んでから、店内の子ども神輿を紹介してもらった。大きい方百万円。小さい方百四十万円。大きくて安いのは、金属類に機械の型抜きのものが多く使われてい

ること。手製のものとの差であって、一般的には手製の二百万から三百万位の品物がよくでますなというふうな、あけすけな説明である。同じ調子で、仏壇も説明されるが、三百八十万の仏壇と七百三十万の仏壇との差額は、指さして説明されている間の納得で、指をはなされるともうわからない。

なかには、製作途中の白木造りの仏壇もある。一千万以上、上限はきりがないので、二千万になるか、三千万になるかは注文次第という準備用だ。注文をされてからは期限を限られるので、いつでもかかれるよう用意しておかねばならないということだ。

その値段の話から昔語りに入った。

「昔はありましたで。あんたが思うただけやってくれるか、という注文が。お仏壇の金具のところですけど」

「昔といいますと」

「六十歳頃ですか、十五、六年前です。油がのってくるし、息子もあとをつぐ目処がたってきて、少しぐらい道楽気分でかかれそうな時です。信用あきないですから、こちらも、これだけ手間をかけた仕事だから、これ位はいただけるだろうという金額しか申せません。それでも障子の金具部分だけで千二百万円もらいました」

こんなエピソードひとつで、世間の評価が判ろうというものだ。これは先ほどの神輿の注文につながる話だが、何といっても、仏壇の話題はひそかごと。日本一のお神輿は新聞やNHKテレビなどの鳴り物入りの報道で、酒井さん側も製作にどんどん力が入ってしまい、製作費があがるのは限度知らず、結局はもう少し請求したいところを思いとどまって、あまりもうけにならなかったとのこと。

あはははは、という笑いに唱和するには想像できる金額ではないが、近ごろ気持ちのいい笑いだった。

1998・4・12

父系のやさしさ

桧皮葺師

河村庄太郎さん・直宣さん

■かわむら・しょうたろう
1927年（昭２）、大津市坂本に生まれる。1996年（平８）、勲六等単光旭日章を受章する。河村社寺工殿社代表者。大津市在住。
■かわむら・なおよし
1950年（昭25）、坂本に生まれる。近畿大学建築学部（夜間部）卒業。大津市在住。

「何代目にあたられますか」

「わし、河村庄太郎で五代目です」

それからお念仏にでてくるような名前がすらすらっとでて、「…と、私で五代目です」といわれる。この部屋に入られる時、腰がかがまってみえた。言葉ののりもなめらかではない。

「この間まで、何の変調もなく、屋根にものぼってはったんですけどね。今でも現役は現役で、どんな会にもでてもらっています」といわれるのが、長男・直宣（なおよし）さん。つまり六代目である。

私は、桜の花に終わりを告げんとするかの雨の四月九日の午後七時から、直宣さんの石山寺での桧皮葺（ひわだぶき）の一日の仕事の終わりを待って坂本のお宅にうかがった。河村庄太郎さんは、大津市坂本でただ一軒のこっている重要文化財や国宝の屋根工事技術の保存者である。名刺には桧皮葺・柿葺（こけらぶき）・とち葺・土居葺とある。

私は、「桧皮葺の技法」（一九八〇・谷上伊三郎著）と「柿葺の技法」（一九八二・同著）の二冊を貸していただいた。文献としては和歌山のこの名匠の著述しかないそうである。あらためて父子相伝の技術が秘術として暗闇のなかをわたってきたのを思わざるをえない。

七十一歳の庄太郎さんは比叡山の戒壇院のとち葺を二十八年前にやられたそうだ

が、その時建築会社に勤めていた直宣さんは、二カ月の休暇をとって、この工事に参加された。とち葺は叡山以外にはあまり適応されていない工法だということや、昔は叡山の仕事だけでことたりたというお話を聞いたりしていると、手から手へしか伝わらなかった技術のきびしさが判ってくる。二十八年前となぜ詳しく限定できるかといえば、直宣さんが、「二十歳の時だった」と口をはさんでくれたからである。冬の比叡颪（ひえいおろし）というだけでも寒さの代表であるのに、横からぶち当ってくるその寒さだけは記憶にはりついている、というのが直宣さんの言だ。高校時代には法華堂の工事にも参加しているというので、修業が中途半端なものとは思えない。

「私の帰ってきたのは二十三歳でした。ちょっとおそかったのですけど」と、直宣さんは言われる。二十三歳でおそければ、何歳だったら、と問うと、「本来なら、高校をでてすぐです。でも、建築会社に勤めながら、夜間の近畿大学の建築学部に行ってましたから。当時は何でも学校、学校っていってたもんで」

それは廻り道ではないですよ、と思わず言ったが、「帰ってくる」という言葉には意表をつかれた。庄太郎さんが聞きとれないような早口で、四代前からの名前をのべられたのに思いあたったからである。父系の秩序がのこっている。それは長男の直宣さんだけかもしれない。弟さんは別の道を進まれているし、直宣さんの二十歳に成人した息子さんにも伝わらないかもしれない。私なども父系の崩壊に参加した方だ。けれども体力の衰えられたお父さんを前にしての直宣さんの言葉をやさしいと思った

し、美しいと思った。

　河村社寺工殿社が、入札してとってくる仕事には桧皮葺と柿葺が多い。桧皮は、八十年から百年ものの桧の皮を剥ぎあげ、庄太郎さんの語り口でいうと、「立ったる木の皮をへいで使いますのやわ。生きたる桧の皮をへいで使ったあと、十年たてば新しくはえてくる次の皮が使えますのやわ」ということだが、古い寺社などに保存されている桧を確保することも、専門化している職人に依頼することも年々困難になっている。どこの世界でも資源の稀少化と人間の老齢化はまぬかれない。加工して幅五寸（十五センチ）丈二尺五寸（七十五センチ）に結束された桧皮の量がなければ、大屋根の入札はできないという。今かかっている石山寺も、工期は三年で、その一年目を終えたところだという。

　野地の上に桧皮を一・二センチずつずらして横一線になるようにして一寸二分（三・六センチ）の竹くぎでとめていく。息のあった仲間の間髪を入れない呼吸のようなリズミカルな動きがあってこそだと思うが、四十八歳の直宣さんは、いい仕事をするのは、これからだといわれる。

「ちょっと気に入らないところがあって、下りてから、見ますね、目がそこばかりに行くんですよ。親父は一目で見抜きますね。ほめたことはありません」

庄太郎さんの時には竹くぎも手製であった。説明書には、こうある。〈裁断した竹釘を再び筵（むしろ）にひろげて天日乾燥を行った後、大鍋で連続攪拌して斑の生じないように焙煎するのである。焙煎中に竹に含まれた油脂が自然に出て着色をし、米糠で焙ったような製品に出来上ればよいのである〉直宣さんも子どもの頃みていた手つきになっていた。大きなすりこぎをまわす風である。

今は全国で兵庫県に一軒竹くぎ製造所があるだけということである。職人は口に四、五十本竹くぎを含み、一本ずつ頭からとりだしては打っていく。

1998・5・10

私の写真は記録です

写真家　八田正文さん

■はった・まさふみ
1934年（昭９）、京都市に生まれる。1970年（昭45）、滋賀県野洲町に転居。京都・大谷高等学校に勤務しながら、近江富士にとり憑かれ、写真展やＴＶなど多数。著書に『四季近江富士』（サンブライト出版）、『近江富士百景』（サンライズ印刷出版部）など。野洲町在住。

一九九四年十月初版の八田正文写真集『近江富士百景』を、私はたまたま、八田正文さんの大学時代の同級生からいただいていた。その人、山村信男君は若い頃からの同人詩誌仲間で、私のエッセイの一文から、私が、昭和二十四年夏、野洲川で泳いでいて喀血したことを知っていたはずである。

その時仰いで見た目前の三上山が、そこにあった。最初のページ「初日の出」などは特に、まっかな火炎を背負い山容の輪郭もふところも暗黒で、当時の私の心象風景に思えたといってもいいだろう。

「人間慕情」でお目にかかれるならば、と思っていたのには、ひとつにはそういう私的な事情があった。

私の住居の偶然は、敗戦後、現韓国から親戚をたよっての引揚げで、当時守山市の野洲川堤防沿いの立入村にあった。

八田さんの京都からの移住は、三上山をひたすら求めてのことではなく、「自分の経済力と通勤時間の最大公約数からはじき出した結論」であったそうである。

『近江富士百景』しか知らなかった私は、現住所が野洲町三上とあるのを見て、全く短絡して考えていた。三上山に魅せられて、やみくもに麓に居住を求めてきた直情径行の人だと思っていたのである。

八田正文さんは、京都・大谷高等学校の物理の先生である。ひとすじに勤めて、四十六年になるという。立命館大学二部の理工学部機械工学科の学生の頃からかかわって、専任教諭三十八年を経て、現在の非常勤講師にいたる年数である。思えば忍耐の人という一語に尽きるだろう。親が裕福でなかったことから培われてきた素直な性情といってもいいだろう。写真のために授業に穴をあけたことは一度もなかったという。八田さんはそれをいささかも自慢や自負をこめて言われたのではなかった。

「私の写真は下に網をはって、綱をわたる程度の道楽ですし、アソビです。芸術だとは思っていません」

「そういえば、芸術品としては、楽屋裏をさらすような、ひとこと多い説明がありますね。(39・桃の花)の〈これ以上下へ広げると、野洲の町並みが入りこみ、絵にならない〉とか、(45・暮れる樹影)の〈公園のフェンスを画面にいれないようにするのに苦労する〉とか、ふつうならかくすところでしょ」

「そういう記述を含めて、風景破壊の推移に対応する、時間的な記録であればいいと思っているんです」

八田正文さんには、『百景』とは別に『四季近江富士』という一九八二年刊の「近江文化叢書・12」の著書もあった。写真とエッセイで三上山を語りつくしており、レンズと言葉で迫ろうとした心象自体が見えてくる。八田さんご自身の言葉を借りると、

〈三上山は、どんなに小さくなっても、その空間のなかでその存在を主張する。たとえば、私がよく使う構図だが、画面の最下辺に遠景の三上山を〝点〟としてとり入れ、その上は抜けるような青空という構成をとっても、その〝点〟としての三上山が

画面の大部分を占める青空をしっかりとひきしめてくれる。その青空の空間は、単なる空間ではなく、三上山を磁性体として緊張空間となっている。磁場的風景である〉文としても、りっぱである。八田さんの書棚を見まわすと、尾崎喜八の著書が目立って集められていたが、この表現力の由来を解く思いがした。

この二冊の著書は予想もしなかった出会いを産んだ。「経費はできるだけ負担するからもう一冊写真集を出せ」という申し出だ。ひかえ目なお人柄にもふれた上での援助だと察せられた。

「前二冊と大同小異のパターンでは、出す意味がありませんのでね」

部屋のすみにたてかけられたパネルばりの滋賀県地図を見せられる。三上山山頂を中心とする放射状の線が引かれている。私の視力では、細部の見極めがつかないが、季節によっての太陽の出入りの方向が記され、前山のかげにかくれて三上山が見えない範囲は斜線でぬりつぶされている。

「こんな写真も撮れたんです」

三上山の背後に白雪をかぶった伊吹山が、肩に手を置く親密さで望まれている。

「南郷からの立木観音への参道の途中、はば十《メートル》ばかり、樹木がきれて北の方が見透せる箇所があります。三上山と伊吹山が並んで見えるのは、おそらくここだけだと思います。大津から雪の伊吹が見えるのは、年に十日ぐらいでしょうか。寒冷前線が通過して、半日ぐらいたったときがいいのですが、その時刻にその場所に立つむつかしさです。

今は最後のつめで、肉眼で見える極限の写真をねらっているんです。福井県境にある乗鞍岳と、岐阜県境にある金糞岳からの写真です。これが撮れたら、この企画は一応完了にしようと思っています」

乗鞍岳八百六十六《メートル》、金糞岳千三百十七《メートル》、ガソリンのむだづかいという自嘲的なおっしゃり方ながら、山麓についたあと、六×七判カメラと望遠レンズ・三脚をかついでの登山だ。乗鞍は三回こころみて、肉眼で見えるという確認は終えている。

「このアソビはきついなあ」

インタビューを終えての帰途、山好きのカメラマンのふかい嘆息であった。

1998・6・14

いい顔を撮れるお祭り

写真家

大塚虹水さん

■おおつか・こうすい
1920年（大９）、大津市に生まれる。本名・義彦。1943年（昭18）、大阪高医卒。堅田フォトクラブ主幹。滋賀県作家協会会員。関西二科会会員。堅田病院院長。著書に『滋賀の百祭』『続・滋賀の百祭』がある。大津市在住。

私は三年前に軽い脳出血をおこして、右半身に痺れ状態がある。けれども、今年の四月末『続・滋賀の百祭』（京都新聞社刊）をだされた大塚虹水さんにお出あいした時には、私などの不自由さは、ほんのつまずいた位のものだと思わざるをえなかった。右腕右脚はお荷物で、よく左半身を通しての気力が、それを支え率いていると思った。もと海軍軍医で、五十三歳の働きざかりに脳出血で倒れた時には、海軍の「五省」に鞭打たれたそうである。

一、至誠に悖（もと）るなかりしか

二、気力に欠くるなかりしか

（ほか略）

私たちも海兵にあこがれ、「五省」を聞いた中学時代があった。ぶんなぐり主義の陸軍よりもはるかに粋であり、花があった。自責という個人主義をとりいれていたからだろう。

「痛みなどもあるんでしょうか」

「棒でばしっと打たれたあとの、じんとくる痛みが常にありますよ。車を運転して気が張っている時などは、意識からそれていますがね。もう病院での治療にはタッチしないようにしていますが、先日夜なかに電話がかかって、アゴがはずれたから助けてくれというんで、左手一本で入れてやりました。若いもんが怖がってよういれないんでね」

大塚虹水さんは、堅田病院院長が本業で、第一線の整形外科の激務からは引かれたが、病院経営者のままでおられる。

医者の大塚先生の系譜をたどれば、魅せられる話が多いが、紙幅がないので、写真家としての大塚虹水さんに絞りたい。膳所中学五年生の時、アメリカ在住の伯母の訪日土産に、ドイツ製ローライ・フレックスを贈られた。定価二百五十円税五十円で、車より高く、父ともども唖然としたという。戦後、京都府立医科大学外科に入局、故望月成人元学長の創始したカメラクラブ「双虹社」の誘いをうけ、参加、虹の一字を雅号にもらった。大津の写真仲間・影湖会同人にもなる。

その初期の写真については全く知らないが、応接室に通されて、展覧会用のパネルがあちらにもこちらにも積み重なった一枚を、ぱっとめくると、奈良の鹿であり、こちらをめくるとヌードモデルであった。ヌードといっても、昭和二十五年のことだ。ソラリゼイションといわれ、抽象画に近い、輪郭の線のみ浮きでるようになっていてゴールドの印画紙にやきつけられている。

『滋賀の百祭』上下二巻は、上が平成二年四月（一九九〇）下が平成十年四月（一九九八）の発刊であるから、この企画をたてられてからは優に二十年はかかっている。

脳出血で倒れたのが二十五年前とすると、やむなく治療の第一線をおりて、リハビリと同時に機構の改変やら人の雇用など、ままならぬ仕事ばかりだったであろう。その間にカメラを左シャッターにし、取材の車は左手用ハンドルに改造する。雪道で疲

れると一泊されるそうだから、相応する準備もされる。踊る群衆、走る神輿、火祭りなど動的なものの多いなかで、シャッターチャンスをひとつ逃せば、翌年のチャンスまで待たねばならぬ、という一事だけでも杖にたよる歩行にジダンダをふんだと思われるだけに、動けぬ格闘を私などは、この写真集の中に見てしまうのである。

はじめは医師会雑誌の表紙にと乞われて写真を寄せたのがきっかけだそうだ。付随して、土地の人や神主さんの話、図書館しらべなどで、発生の年、由来、内容、変遷などが書きこまれるようになったのは自然の勢いであった。交通案内や電話番号まで記されてある。写真と調和とれるように簡潔で、へんな文飾のないのがいい。

滋賀の祭り一覧（月別）を見ると、各地のお祭りが同日に重なることが多い。友人のたすけを求めなければならないことも、あらかじめ舟をチヤーターしておかねばならないこともある。偶然も多い。その一、二。

「五月はじめの、能登川町の『伊庭の坂下し祭り』というのがある。ミコシ落としです。ウチに出入りしている植木屋さんに偶然にあって、山の上にかつぎあげてもらい、足場をこしらえ、三時間待って撮れたことがあったな」

「三年に一度の余呉町の『茶わん祭』があるんですが（五月三日）、すけっとの友人と車椅子を乗せて着いたら、雨で翌日に順延。急遽、米原町の『鍋冠祭り』に変更したら、これがいい写真になりましてね」

近江の祭りをテーマにする個展は、西武百貨店で三回終えている。がいまなお、次なる個展への準備にいそがしい。整理べたの私ならお手上げだと思いながら
「ネガの整理・保存がたいへんでしょ」

と申し上げたら
「そう、そう、おっしゃるとおり！」

大声で急所に触れたような声が返ってきた。大事なフィルムの存在を、まぎれこまして、それをさがすのに一日の大半をついやすこともあるという。

「自分の囲りにおくということを鉄則にしているんですがね」

1998・7・12

SLロマンをたぎらせつつ

堅田歴史同好会会長

臼杵敏夫さん

■うすき・としお
1920年（大９）、大阪市に生まれる。朝日新聞大阪本社に入社。1965年（昭40）、「アサヒレールファンクラブ」に入会。ＳＬを撮る。ＳＬが消滅後は軽便鉄道を追う（平成６年４月、ＮＨＫ大津放送局ギャラリーで「ＳＬロマン」と題して写真展）。現在、堅田歴史同好会会長。

とつとつと話されていた臼杵敏夫さんの口調が、突然かわった。

「伯備線というのがありますね。岡山と米子を結んで縦断している線ですが、中途に新見駅がある。その次に、時刻表にはのっていない、ポイントをきりかえるだけの、布原信号所というところが、中国山地の谷そこにあるんですよ。駅長と切りかえの駅員の二人しかいません。斜面を耕しているお百姓も数人おります。枕木を積んでちょっとした乗りおりができるようにしてくれる。営業じゃありません。なぜ、そんなところがいいか、といえば、重い鉱石を積んだ列車を、一気の力で谷そこから新見の方にひっぱりあげにゃいかん。鉄橋をわたり、トンネルにはいっていくんです。SLの機関車を三輌編成にする。三重連というんですが、石炭をいっぱい燃やし、準備OKといわんばかりに蒸気をふきあげながら、ワン、ツー、スリーで、ポッポッポッ　ボワーッといくんです。それがすばらしいんです。そのために前日から新見市に宿をとり、朝九時頃からタクシーでかけつけます。いつもうまくいくとは限りません。四十二年六月十日の布原の雨の日など、朝日新聞社の鉄道マニアの会（アサヒレールファンクラブ）の機関誌にしょぼんとしたメンバーの姿が写っています。（指さしながら）これが私です。この鉄橋をわたっているのが、三重連疾駆の写真」

臼杵敏夫さんが、かつてこういう写真マニアであったことは、お話していて、突然わかったが、それまでは名刺の肩がき「堅田歴史同好会会長」を見て、郷土史家かしらと思っていた。

臼杵さんの略歴は簡潔にまとめられたのがある。

〈昭和十三年、朝日新聞大阪本社印刷部に入社し、五十五歳で定年退職するまで、新聞の資材畑一筋。その後三つの職場をへて、六十五歳で区切りをつけ、リタイアする〉

ニコン二台（望遠と広角）に八ミリを首からぶらさげ、ベレー帽の臼杵さんの写真があるが、これが若い頃の臼杵さんのいでたちであろう。撮影記録は丹念につけられていて、線区別に、関西本線　二十一回、城東貨物線　十九回、和歌山線　十八回、…室蘭本線、夕張線、幌内線、（四十三線区　計百五十回）などと記されているのをみると、休日はみなこれにあてられていたのだろうと思われる。

現在七十八歳。戦後、二人の息子さんを育て、生活が安定してから始めたカメラ歴のピークと言えば、どうしても九州から北海道まで東奔西走していた十年間、臼杵さん四十五歳から五十五歳に限定されるだろう。こういうときの地名、駅名は躍動している。図書館で資料からぬきだした地名の比ではない。

「長崎本線（特急さくら）は早岐（はいき）で、長崎と佐世保に分かれるのですが、佐世保へはＳＬがひくのです。日本に一本ということと、一日一回というので、たいへんでした」

「呉線の呉の手前に広という駅がありました。朝は通勤客が多く、時間差で送り出すのですが、早くから石炭をたいて出発準備をしております。三重連とはちがって、

三並列で待機しているのですが、息をはずませながら待つ姿もいいものですな。人間に近い表情にのめりこんでいった十年間ですが、私の定年と軌を一にするように終息してしまいました。エネルギーの非効率には抗しきれません」

「軽便鉄道も追いかけましたね。播但線の八鹿（ようか）駅で下り、一時間ほどバスで走った山おくに明延鉱山用の電鉄がありました。公園の子供用の物に毛のはえた位のものです。一円電車といわれて、ボール紙の一円切符がありました。一日一回ですから、行ったら帰れないと判っていながら行くんですね」

臼杵敏夫さんは、大阪、藤井寺、羽曳野市に移り住み、リタイアされてから堅田町にこられた人である。夫人は手芸教室をひらいておられるが白鬚神社の神官の出で、地縁は、夫人の側にあった。名刺から郷土史家と思ったのは、そそっかしい誤解である。ただ堅田公民館が生涯教育のような趣旨で、講演会を催したところ、ひきつづき、同好会として、相互に研究発表をしあうような集まりをもとうという意向が自然発生し、男十人、女三十人の会員（三十〜八十歳）がまとまった。現地探訪の回も月一回あり、会長に臼杵敏夫さんが選ばれたのは当然だろう。十一年になる。

なお、堅田病院院長でもあり、『滋賀の百祭』の写真家でもある大塚虹水さんと臼杵さんとは、臼杵さんが移り住んだ、今堅田二丁目の地元にある奇祭「きちがい祭」を、相互に撮影していて知りあわれた。大塚さんは右半身不随を克服しながらの撮影行であり、その情熱にほだされながら、臼杵さんは大塚さんの堅田フォトクラブに参加するようになり、時には、写真、文筆の両面において支えていらっしゃる。大正九年生まれの同歳である。なんとなくうしろでみていると、老後を積極的に生きようとするおふたりの出会いに拍手をおくらざるをえない。

1998・8・16

風通しのいい生きかた

大津市歴史博物館館長

木村至宏さん

■きむら・よしひろ
1935年（昭10）、滋賀県に生まれる。大谷大学大学院文学研究科中退。日本文化史専攻。大津市史編さん室長を経て、現在、大津市歴史博物館館長。成安造形大学教授。著書ならびに編著書多数。

大津市歴史博物館館長室に木村至宏さんをおたずねし、激務のあいま、しばらくの歓談をさせていただいた。どうもきちんとした雰囲気のなかでは、気おくれが先にたつ方なのだが、何しろ話し上手に聞き上手である。至宏はヨシヒロと読まれるのだが、イタッテヒロクの字義どおり、こちらの話の粗細なところをちゃんと分別して聞いていらっしゃる。編著の作品の多い人格は、こういう細部にもあらわれるのだ、と思ってしまう。

辞してからさっそく一九九五年十一月刊の「図説・近江古寺紀行」を送っていただいた。近江の街道ぞいに、そして、ちょっと間道にわけいっては戻ってという歩く速度で、木村さんは一寺ごとに案内にたたれる。明確で、その速度には弛緩するところがない。大きな滋賀県地図をひろげ、二日かかって、おともをし、すっかり道中になじんだ気になった。私語をはさまない、かなり厳格な導き方なのだが、（美麗な写真多数で空白の剰余を許さない河出書房新社のレイアウトのせいもあるだろう）たった一カ所、渡岸寺の十一面観音のところで、

「私もすでに二十一回足を運んでいるがいつも新鮮な気持ちにさせられる」

という言葉にであい、やっとワタクシゴトがいえた、という思いなのかな、と感じた。ワタクシゴトしか書けない私などは、一度見聞のひろい木村至宏さんの随想文を読んでみたい気がする。しかし、古文書からひろったり、寺伝や、古老の話を総合したり、歴史本に照らしたりすることが日常の木村さんには、それは仕事の範疇には入

れてもらえないだろう。

守山市立図書館には、木村至宏さんの処女作『近江の道標』が保管されていた。昭和四十六年十二月刊行のもので、「民俗文化研究会」の発行。総アート紙で、発見した道標の一本一本を写真におさめ、細密な近江全域の地図に番号をふって、そのありかを記している。道標数四百五十三本。昭和四十年から六年間、木村さん三十歳から三十六歳までの探査といえば、声なき石との対話にかけてきた執着のふかさに、心ある人は感銘の声をあげざるをえないだろう。

私の師の詩人に、京都の天野忠さんがおられるが、つい四年前に下半身不随で亡くなった。著書四十冊ばかりのうち、六十四歳までは自費出版で、貧乏をとおしていた。晩年になって、読売文学賞など数々の賞をうけ、ファンの出版社にも恵まれた。ここで唐突に天野さんをもちだしたのは、生涯の風通しのよさという観点においてである。もちろん、創作の詩（随筆も名人芸をうたわれていた）と民俗学や歴史学とは同一視されないが、若書きのものから晩年のものまで、一本の線がはりつめた形で通っており、天野忠といえば、日本の詩人の間では、生涯をおりたたんで抽象される人間像として、ひびきあうのである。

一読しただけでこんなことをいうのは、口はばったいことだが、『近江の道標』から『近江古寺紀行』まで、その間に『近江の街道』『近江の山』『近江の川』などを曳き連れつつ、木村至宏という風として世間は読むようになっているのではなかろうか。

「道標が目についたのは、昭和四十年秋のことであった。毎日通り続けた比叡山麓坂本の西教寺道には、路傍に四本の道標が立っている。ある日、いままでなにげなく見ていた一本が、車にあたったのか横倒しになっていたので、よく見ると行き先のほかに建立者、年号などの銘文が刻んであり、この道と道標のしめる重要性を知った」

と「あとがき」にある。つい、それにまつわるエピソードに耳をかたむける。

「勤めの同僚に迷惑はかけまいと気づかっていましたので、休みをとるつもりで出かけたことはありません。ふつう駅前の貸自転車屋を利用するのですが、北陸線の木之本駅から、二時間半ばかり夢中で探査しているうちに、まわりが薄暮。七時頃になっていて、どう考えても、自転車を返して、電車に間にあいようはなく、朝帰りになったことが一度あります」

「今でも、車で走っていて、見かけることがあるんですよ。その時は下りて、元気だったかい、と、なでながら声をかけるんです」

「道路工事中で、抜きとられて見えないことがありました。急いで帰宅して、この写真の道標だが、と工事関係者に言ったところ、知らんといわれましたが三日ほどしてかえされていました。うれしかったですね」

「びわ町や草津市、守山市、今津町が有形民俗資料として指定文化財にしてくれました」

木村さんの思いつきが行動化され、本にならなかったら、と寒くなるような話であった。この本の発刊はいろんなことへの導火線になった。木村至宏さんは、大津市史編さん室長を十三年勤め、十三巻の市史をまとめ（全国的に珍しく、再版された）、その六十万コマの資料の内容を市民に還元するため、大津市歴史博物館設立の準備室長ののち、館長をされている。

木村さんはお話の間、ひとりの力をおっしゃったことが一度もなかった。ひとりの力しか主張しない詩人たちの世界を見なれた私には奇異に思えることであった。

1998・9・13

生きた出あい死後の出あい

滋賀県立近代美術館顧問
砺波市美術館館長
石丸正運さん

■いしまる・しょううん
1937年（昭12）、富山県砺波市に生まれる。1965年（昭40）、同志社大学院文学研究科修了。滋賀県立琵琶湖文化館学芸員。1984年（昭59）、滋賀県立近代美術館学芸課長。1992年（平４）、同館長。1998年（平10）、砺波市美術館長。京都大学・京都女子大学・聖泉短期大学非常勤講師。

居間に通されて、ソファにかけた時に気がついた。庭にむいた私の視線は、縁の仕切りから内側に寝そべった犬と面することになっている。あとからうかがうと、こうして来客と話していて、外出するわけではないから、安心してすこし気長に待て、といい含めてあったらしい。くんとか、ふんといったきり、その犬（良―りょう）君は二時間ほどのあいだ黙っていた。

最後に、カメラにはもってこいの夕あかりになりました、とカメラマンにうながされて門の外にでると、良君は鎖の範囲だけ身をのりだし、後あしで立って呼びかける。

「待ちくたびれたよ。限界だよ」

撮ってもらいながら、石丸正運さんに家族話を聞く。

「家では犬とのふたりぐらしですが、留守にするときは、山科に住んで大津に勤めている娘が、朝晩の餌をやりにきます。家内もかわいがっていましたが八年前に死にました。一度車で連れていったのですが、酔ってしまってだめでした。かわいいし、放っておくのが哀れです。生まれて十年。人間では七十歳にあたります。鎖をはなすと、私にじゃれついて離れません」

実に多忙で愛犬と同居もままならぬ身である。毎火曜日は、滋賀県立近代美術館顧問として出勤しておられるが、生まれ故郷の富山県砺波市に昨年の四月美術館が新設され、そこから館長にと就任を乞われたのである。それで、ともかく今は、水、木、金曜と、第二・第四の土曜日の月に十日間は、砺波の方に出勤されることになっている。運転のできない私などには考えられないが、水曜の朝六時に出発し、砺波のインターまで二百八十キロ、ざっと三時間みておけば大丈夫だといわれる。カメラと並んで初対面のお顔や肩のあたりをつくづくとうかがったがお若い。「歯はがたがたですよ」とおっしゃるが五十歳代にしかみえない。

石丸さんは一九六五年（昭和四十）滋賀県立琵琶湖文化館学芸員として勤務された。今県の文化設備がすすんで、学芸員も百三十人をかぞえるにいたっているが、当時、学芸員は石丸正運さんおひとりで、展示館といえば琵琶湖文化館しかなかった。その会場で、翌年「小倉遊亀回顧展」がひらかれることになったというのは、運命の大きなめぐりあわせというしかないだろう。ちなみに、小倉遊亀さん七十一歳、石丸さん二十八歳。展示品は七十歳までの作品三十二点だということである。会期はひと月。

小倉さんとの縁は、それだけでは終わらなかった。石丸さんは『近江の障壁画』、『近江の画人たち』などの著書が示すように古美術については単独で研鑽しておられる。小倉さんが昭和五十三年九月の院展出品の作品を「或る御神像」と決められた時から、小倉さんと石丸さんの間には石坐（いわい）神社や石塔寺、石道寺あたりの作品の地となるべき想念の古代への旅を計画しておられた。この事情は「湖国と文化」8号の石丸さんの筆の「小倉遊亀」に詳しい。小倉さんは百三歳になられた現在でも第八十三回院展に「椿三題」の出品をされて並はずれた力をみせ、石丸さんは現在の消息にも通じておられる。

「若い時の先生は、国、漢文の教師だったので、怖い、ひりひりする方だったようですが、私のおであいしたのは、七十歳すぎで、おやさしかったですよ」

滋賀県立近代美術館が昭和五十九年（一九八四）に創設された。石丸さんは開設準備のため、文化館から移られるが、この時、小倉さんから生まれ故郷の美術館ということで二十点の作品の寄贈があった。他に県の買い上げや横浜あたりの私蔵家の寄贈で四十五点位になっています

と石丸さんはいわれるが、端緒は石丸さんとのおであいにあったのだろう。常設展での小倉さんの作品を何気なく観ていたが、これからは内緒ごとのようなみかたが加わって楽しみだ。なお、館長は代々県の文化部長の兼務だったので、専任の館長としては初めてで、石丸さんは五代目の館長である。

野口謙蔵や三橋節子など郷

土作家の作品の調査展示などはきちんと決着をつけてこられた石丸さんであるが、チューリップの花作りで有名な、人口四万人の砺波市の美術館長といえば予算も少ないだろうし、どう活用していかれるだろう。難問だと思いながらぶつけてみた。

「公立美術館には展示するものを協議する会がありますが、その会に参加したのが砺波は百館目にあたるそうです。郷土作家の調査をきちっとやり、作家に空間を開放するのは当然ですが、今は子どもらに図画工作など創作教育がへっているのを考えて、幼稚園児や小学校の低学年生に、バスで美術館に来て弁当をたべて帰ることを実施しています。小さな美術館ですが、開かれた美術館にして幼いうちから関心をもたせたい。美術館サイドにそういう専門家をおいて、粘土やクレヨンに夢中になっている気持ちにヒントをあたえます。

私は、昭和三十一年に京都に来て、雪舟、あの有名な、室町後期の画僧雪舟等楊の回顧展が京都博物館でひらかれているのを観て、これだと思ったものでした」

1998・10・11

ひょいと一面識もない人を訪ねて、あがりこみ、周囲を（あとがきにかえて）

大野　新

■おおの・しん
1928年（昭３）１月１日生。日本現代詩人会・近江詩人会。第28回Ｈ氏賞受賞（詩集「家」）、「大野新詩集」など。守山市在住。

今になってみると、よくも始めたものだ、という思いがある。ひょいと一面識もない人を訪ねて、あがりこみ、なめるように周囲を見廻しながら、趣味がどうのこうの、というような興味は根っからなかった。私自身が無趣味であって飾り気のない部屋に積乱してある本のなかで、寝ころんだり、ビールを飲んだりしている、怠け者である。ものを書くことにもルーズである。しめ切りがなければ、書かないでいる安穏を選ぶ。それに、いつまでも初老気分でうだうだしているうちにホンモノの老年がやってきた。「滋賀の百人」にであって、二時間ばかりの対談テープをとって、それを二千字のスケッチに仕上げる道楽を続けさせてもらっていて、一九九八年十月、石丸正運さんに辿りつき、「これで百人目」といわれた。一年以上の連載記録のない週刊新聞で、月に一度とはいえ、八年間も掲載させてもらったということは、ひとりの生涯のなかでも大きく認識のかわってもいい期間である。身体的にも、家族環境にも何かがあって不思議はない長さである。

私にとって、目にみえる変化といえば、上巻では、多少若く見える黒髪の人間として登場しているのが、これからまとまる下巻では中途で総白髪をさらす立場になるのが、暦をかえたように、はずかしい。阪神大地震のあと、軽度ではあるが脳出血をおこし、たまには見栄も手伝って髪を染めていたのを、自然にまかすようになっただけのことだが、右半身には、多少の麻痺がある。階段や坂道は苦手になり、小走りもできなくなった。

集中力がなくなったことは、はっきり感じた。ある新聞で毎月詩作品の時評を依頼されていたが、苦痛となり、信頼できる友人を推薦して交替してもらった。けれども、その任にあらずと思いながら、この「人間慕情」は続けさせてもらった。

この取材には、今まで経験しえなかった役得があった。対談者に、その人の尊敬する人を紹介していただいて、翌月の対談者をきめるのをいわばルールとしていたのだが、割合に琵琶湖をめぐる滋賀県全般にばらまかれるように指名があって、土地不案内の上に好奇心も少ない私にはいい刺激であった。それに知名士ばかりをえらぶ常識の愚からも逃れることができた。

さらに、「滋賀民報」編集長の小西賢吉さんが、仕事上の犠牲を敢えてして、ベテラン記者でカメラマンの西浦謁男さんを半日私に貸してくれたことである。一回目の取材を除いて、車とカメラは全部西浦さんである。私が入院の際の休載はやむをえないとして、西浦さんが頸椎の病いで入院したときも、休載して待つことにした。私は地理に暗く、彼は実に明敏でどんなに迷っても次の通路をみいだした。この「人間慕情」が無事百人目の対談者を持ちえたのも、コンビとして相互の信頼感がふかまっていったことのほかに、ふつうの取材ではありえない、それこそ、人間同士の対話のなかにほのぼのとでてくる、生き方への慕情ということに、彼自身がハマりこんでしまったということができるだろう。西浦謁男さんは時々それを口にした。

人物写真家としての腕があがってきたことも確かだろう。私は素人ながら、戸外に出れば話題をしむけてレンズから意識をそらせるよう協力しているつもりだが、そういう意図性につまづいて自分で白ける時もある。でも、帰りの車のなかでは、「今日のはバッチリです」とか、「あの方は、カメラへの自意識から逃れられない方ですね」というふうに、成果を見透かしてしまっている。

対談以降仲よくなったひとりに、写真家の中島省三さんがいて、「人間慕情」を読むために「滋賀民報」をとりましたよ、といってくるほどの私には稀有の読者だが、いち早く西浦さんの写真技術の妙を指摘しておられて、さすがと思ったものだ。はじめから毎回二本ほどのフィルムを使っていて、上巻上梓の時には、

「後半の方が、多少の自信がもてるのですが」

と含羞の面持ちであった。

私の文章にはそういう思いがない。対談経験が文章をのびやかにしてくれたことなどない。いつでも締切まぎわにユーモアと余裕を求めては苦々しくおわるのが常だった。永源寺町政所に画家阿波連永子さんを訪ねたときに、ヌードのクロッキーをたくさん見せていただいたが、瞬速の筆の運びのなかにみえる描線が、抽象のようで、妙にエロスそのものである。それぞれモデルを配してのものだと聞いて感じいったことがある。

「モデルのないヌードのクロッキーなんて描けませんわ」

対談でもそうだった。こちらの感覚系路的な受容力がいきいきしているときでなけ

れば、長年生き抜いた人間の中身になど迫れるわけがない。かつて自分のすてばちな青春を「生きざま」と書いて、詩人の師にたしなめられたことがあったが、これまでの百人、そういう言葉でくれる人間にはひとりも会わなかった。

〜〜＊〜〜＊〜〜＊〜〜＊〜〜＊〜〜＊〜〜＊〜〜＊〜〜＊〜〜

取材に同行して

記者　西浦諶男

うまく写真が撮れているだろうか、ハラハラドキドキの八年間でした。毎回、ほっとするのは現像したネガを覗いて、何とか使えそうな一枚を見つけだした時です。

「大野さんは不思議な人だな」とよく思いました。最初はぎこちなく対応されていた方の表情が、途中から必ずなごむのです。仕事のこと、人生のこと、趣味のこと…。とてもいい雰囲気で取材がすすみました。ともに仕事をさせていただき、多くの方々との出会いは、私にとってたいへんよい勉強でした。

滋賀に根づいてひたむきに生きる壮大な人間ドラマを、八年間にわたって詩人の目で綴った大野新さんの「人間慕情」が完結しました。紙面に登場した百人の人たちをあらためて紹介します。

1 藤本直規（医師）
2 嘉田由紀子（琵琶湖研究所主任研究員）
3 前野隆資（県写真連盟名誉会長）
4 菅沼晃次郎（滋賀民俗学会会長）
5 長谷川憲司（織田作之助賞受賞作家）
6 平賀胤寿（根付彫刻師）
7 鈴木靖将（画家）
8 浅見素石（前京都女子大学教授）
9 寺田実（イラストレーター）
10 中島省三（映像作家）
11 本郷重彦（鉄の造形作家）
12 奥田博士（陶造形作家）
13 増井牧子（八日市文芸会館学芸員）
14 加藤華子（八日市図書館協議会会長）

15 雲川弘子（八日市市子供会連合会副会長）
16 森　雅敏（アートディレクター）
17 小池　靖（ガラス工芸家）
18 大谷司朗（陶芸家）
19 杉田静山（竹芸家）
20 高谷　清（第一びわこ学園園長）
21 立岡　晄（ひかり園作業所所長）
22 坂井　虔（日本基督教団・長浜教会牧師）
23 高城修三（芥川賞作家）
24 小林　博（漆芸作家）
25 松江靖子（野草料理研究家）
26 神崎継春（陶芸家）
27 荒井　哲（作曲家）
28 橋川　潮（滋賀県立短大教授）
29 西川達雄（元滋賀県立短大学長）
30 岡本　巌（滋賀大学名誉教授）
31 寺川庄蔵（滋賀県勤労者山岳連盟会長）
32 星　利三（新体連滋賀県連副会長）

33 今関信子（童話作家）
34 神戸雅子（児童劇団「なかよしひろば」主宰者）
35 河合正雄（音楽劇団てんてこ代表）
36 中野亘（陶芸家）
37 斉藤洋（染色家）
38 天野純（くらふとSpace「空の気」経営者）
39 田中稔（「里の木のおもちゃ」工房）
40 藤田敏子（おもちゃライブラリー「ぴょんぴょん」前代表）
41 桜井昭人（栗東町への入植開拓者）
42 段田都紀雄（養鶏業）
43 玉崎弘（伊香立森林組合長）
44 谷田市郎（たけのこ福祉作業所所長）
45 森哲荘（木彫りの里の木彫師）
46 杉原正樹（北風寫真館あるじ）
47 尾崎与里子（詩人　ブライダル・スタイリスト）
48 今森光彦（自然写真家）
49 近藤薫美子（絵本作家）
50 南江津子（版画家）

51　武田栄夫（日本気象協会専任主任技師）
52　阪口　進（滋賀自然環境研究会）
53　村長昭義（滋賀水生生物研究会会長）
54　樋口善一郎（近江町オオムラサキを守る会代表）
55　林田旭城（筑前琵琶日本橋会総師範）
56　山吹千雀（舞踊　山吹流教授）
57　細川雄太郎（童謡詩人）
58　宮本敬子（日本民謡「八祥会」八祥流家元）
59　山本一夫（登山家）
60　高橋松山（四代目　大津絵師）
61　新保晃妙（滋賀下阪本　真光寺住職）
62　小笠原好彦（滋賀大学教授）
63　池田哲也（滋賀大学教授　書家）
64　西尾矩昌（石の彫刻家）
65　増田洲明（浄土宗鹿薗山法泉寺住職）
66　西村一三（「酒游館」館主）
67　須藤一成（動物写真家）
68　浜秋寛・和子（陶芸家夫婦）

69 平良一巳（銅板の造形作家）
70 大西明弘（和蝋燭職人）
71 井上幸男（近江扇子「幸扇堂」代表）
72 福山聖子（スケッチ画家）
73 廣瀬一實（日本前装銃射撃記録保持者）
74 茗荷恭介（造形作家）
75 橋本嘉寛（表具師）
76 市原和弥（陶芸家）
77 藤井暢春（能面師）
78 西村眞一（陶芸家）
79 畑　裕子（作家）
80 吉田　剛（「メディア・ブレーン」シナリオ・ライター）
81 青木　繁（朽木いきものふれあいの里指導主任）
82 舟越幸雄（蒔絵師）
83 山崎　亨（日本イヌワシ研究会事務局長）
84 岡田登美男（滋賀県野鳥の会）
85 岩根順子（サンライズ印刷社長）
86 川渕依子（元滋賀県ろうあ協会専任手話通訳者）

87 久保田　暁　一　（作家）
88 北　村　眞　一　（鮒寿し「喜多品老舗」店主）
89 竹　内　正　企　（肉牛を経営する詩人）
90 阿波連　永　子　（画家）
91 渡　辺　徹　夫　（木工作家）
92 澤　井　泉　源　（木工作家）
93 樋　口　広　明　（仏師）
94 酒　井　　　清　（錺金具師）
95 河村庄太郎・直宣　（檜皮葺師）
96 八　田　正　文　（写真家）
97 大　塚　虹　水　（写真家）
98 臼　杵　敏　夫　（堅田歴史同好会会長）
99 木　村　至　宏　（大津市歴史博物館館長）
100 石　丸　正　運　（滋賀県立近代美術館顧問　砺波市美術館館長）

（注）敬称略。それぞれの方の肩書は、記事掲載時のものです。

大野　新（おおの　しん）
1928（昭和３）年１月、現韓国群山府に生まれる。
1945（昭和20）年12月、敗戦により滋賀県に引き揚げる。
1949年から1955年まで肺結核療養。この間京大法学部除籍される。

詩集に『藁のひかり』（1965）、『家』（1977）＜H氏賞＞、『大野新詩集』（1984）、『乾季のおわり』（1993）等。評論集に『砂漠の椅子』（1977）。
現住所　滋賀県守山市吉身６-２-３

人間慕情―滋賀の100人（下）

2000年３月20日　初版第１刷発行

著　者　大野　新
発行者　岩根順子
発行所　サンライズ出版
印　刷　サンライズ印刷株式会社
滋賀県彦根市鳥居本町655-1
TEL 0749-22-0627　〒522-0004

定価はカバーに表示しております。

ISBN4-88325-070-9 C0095